Delícies Orientals

Un Viage Gastronòmic a la Cuina Xinesa Tradicional

Li Wei

Índex

Pollastre amb brots de bambú 10
pernil al vapor 11
cansalada amb col 12
Pollastre d'Ametlla 13
Pollastre amb Ametlles i Castanyes d'Aigua 15
Pollastre amb Ametlles i Verdures 16
pollastre a l'anís 17
pollastre amb albercoc 19
Pollastre Amb Espàrrecs 20
Pollastre amb albergínia 21
Embolcall de pollastre i cansalada 22
Pollastre amb brots de soja 23
Pollastre amb salsa de mongetes negres 24
pollastre amb bròquil 25
Pollastre amb col i cacauets 26
Pollastre amb anacards 27
pollastre amb castanyes 29
Pollastre picant 30
Pollastre rostit amb pebre 31
Chicken Chop Suey 33
chow mein de pollastre 34
Pollastre fregit picant cruixent 36
Pollastre fregit amb cogombre 37
Pollastre al Curry amb Pebre 39
pollastre al curri xinès 40
Pollastre al curry ràpid 41
Pollastre al curri amb patates 42
Cuxes de pollastre fregides 43
Pollastre fregit amb salsa de curri 44
pollastre begut 45
Pollastre Salat amb Ous 46
rotllets d'ou de gallina 48

Pollastre rostit amb ous 50
pollastre de l'Extrem Orient 52
Pollastre Foo Yung 53
Pernil i pollastre Foo Yung 55
Pollastre Fregit amb Gingebre 56
Pollastre Amb Gingebre 57
Pollastre al gingebre amb xampinyons i castanyes 58
Pollastre Daurat 59
Estofat de pollastre daurat marinat 60
Monedes d'or 62
Pollastre al vapor amb pernil 63
Pollastre amb salsa Hoisin 64
pollastre a la mel 65
Pollastre Kung Pao 66
Pollastre amb porro 67
pollastre amb llimona 68
Pollastre Fregit amb Llimona 70
Fetge de pollastre amb brots de bambú 71
Fetge de pollastre fregit 72
Fetge de pollastre amb mangetout 73
Fetge de pollastre amb creps de pasta 74
Fetge de pollastre amb salsa d'ostres 75
Fetge de pollastre amb pinya 76
Fetge de pollastre agredolç 77
Pollastre amb Litxis 78
Pollastre amb salsa de litxi 79
Pollastre amb Mangetout 80
Pollastre amb mango 81
Meló farcit de pollastre 83
Pollastre Brasat i Xampinyons 83
Pollastre amb bolets i cacauets 84
Pollastre rostit amb bolets 86
Pollastre al vapor amb bolets 88
Pollastre amb ceba 89
Pollastre amb taronja i llimona 90
Pollastre amb salsa d'ostres 91

porcions de pollastre 92
pollastre de cacauet 93
Pollastre amb mantega de cacauet 94
Pollastre amb pèsols 95
Pollastre de Pequín 96
Pollastre al Pebre 97
Pollastre rostit amb pebre 99
pollastre i pinya 101
Pollastre amb pinya i litxis 102
pollastre amb porc 103
Pollastre rostit amb patates 104
Pollastre amb cinc espècies amb patates 105
Pollastre Bullit Vermell 106
panets de pollastre 107
Pollastre Salat 108
Pollastre en oli de sèsam 109
Pollastre de Jerez 110
Pollastre amb salsa de soja 111
Pollastre rostit picant 112
pollastre amb espinacs 113
rotllets de primavera de pollastre 114
Porc rostit picant 116
panets de porc al vapor 117
porc amb col 119
Carn de porc amb col i tomàquet 121
Porc marinat amb col 122
Carn de porc amb api 124
Porc amb castanyes i bolets 125
Costella de porc 126
yakisoba de porc 127
Chow Mein de porc rostit 129
Porc amb Chutney 130
Carn de porc amb cogombre 131
Paquets de Porc Cruixent 132
rotllets de porc amb ou 133
Rotllets d'ou de porc i gambes 134

Carn de porc estofada amb ous	135
porc de foc	136
Filet De Porc Fregit	137
Porc de cinc espècies	138
Porc rostit fragant	139
Carn de porc amb all picat	140
Porc Fregit amb Gingebre	141
Porc amb mongetes verdes	142
Porc amb pernil i tofu	143
kebabs de porc fregits	145
Manxa de porc rostida amb salsa vermella	147
porc marinat	149
Costelles de porc marinades	150
Carn de porc amb bolets	151
pa de carn al vapor	152
Porc vermell amb bolets	153
creps de porc amb pasta	154
Carn de porc i gambes amb creps de fideus	155
Carn de porc amb salsa d'ostres	156
Porc amb cacauets	157
Carn de porc amb pebrots	159
Carn de porc picant amb escabetx	160
Carn de porc amb salsa de prunes	161
Porc amb Gambes	162
Porc vermell	163
Carn de porc en salsa vermella	164
Carn de porc amb fideus d'arròs	166
Bollos de porc rics	168
Costelles de Porc rostides	169
carn de porc condimentada	170
Llesques de porc relliscoses	171
Carn de porc amb espinacs i pastanagues	172
carn de porc al vapor	173
Porc Fregit	174
Carn de porc amb moniato	175
Carn de porc agredolça	176

porc salat	177
Carn de porc amb tofu	178
carn de porc suau	179
Dues vegades porc	180
Carn de porc amb verdures	181
Porc amb fruits secs	182
wontons de porc	183
Porc amb castanyes d'aigua	184
Wontons de porc i gambes	185
Mandonguilles picades al vapor	186
Costelles amb salsa de mongetes negres	187
costelles curtes brases	188
Costella d'auró rostida	189
Costelles Fregides	190
Costelles amb porro	191
Costelles amb bolets	192
Costelles amb Taronja	193
costella de pinya	194
Costella de gambes cruixents	196
Costelles amb vi d'arròs	196
Costelles amb llavors de sèsam	197
Costelles amb salsa agredolça	199
Costelles a la brasa	200
Costelles amb tomàquet	201
Porc rostit a la barbacoa	202
Carn de porc freda amb mostassa	203
Porc rostit xinès	204
Porc amb espinacs	206
boletes de porc fregides	207
Rotllets d'ou de porc i gambes	208
Carn de porc picada al vapor	209
Porc fregit amb carn de cranc	210
Porc amb brots de soja	211
porc borratxo	212
cuixa de porc al vapor	213
Porc rostit amb verdures	215

Dues vegades porc *216*
Ronyons de Porc amb Mangetout *217*
Pernil Vermell amb Castanyes *218*
Pernil fregit i boletes d'ou *219*
Pernil i pinya *220*
Frittata de pernil i espinacs *221*

Pollastre amb brots de bambú

Serveix per 4 porcions

45 ml / 3 cullerades d'oli de cacauet (cacauet)
1 gra d'all, triturat
1 escalunya (escalunya), picada
1 llesca d'arrel de gingebre, picada
225 g / 8 oz de pit de pollastre, tallat a rodanxes
225 g / 8 oz de brots de bambú, tallats a rodanxes
45 ml / 3 cullerades de salsa de soja
15 ml / 1 cullerada de vi d'arròs o xerès sec
5 ml / 1 culleradeta de farina de blat de moro (midó de blat de moro)

Escalfeu l'oli i sofregiu els alls, les escalunyes i el gingebre fins que estiguin lleugerament daurats. Afegiu el pollastre i salteu-ho durant 5 minuts. Afegiu-hi brots de bambú i salteu-ho durant 2 minuts. Incorporeu-hi la salsa de soja, el vi o el xerès i la farina de blat de moro i sofregiu-ho durant uns 3 minuts fins que el pollastre estigui cuit.

pernil al vapor

Serveis 6-8

900 g / 2 lb de pernil fresc
30 ml / 2 cullerades de sucre moreno
60 ml / 4 cullerades de vi d'arròs o xerès sec

Col·loqueu el pernil en un plat resistent a la calor sobre una reixeta, tapeu-lo i coeu-lo al vapor en aigua bullint durant aproximadament 1 hora. Afegiu el sucre i el vi o el xerès al plat, tapeu i coeu al vapor durant 1 hora més o fins que el pernil estigui cuit. Deixeu-ho refredar al bol abans de tallar-lo.

cansalada amb col

Serveix per 4 porcions

4 tires de cansalada ratllada, pelades i tallades
2,5 ml/½ culleradeta de sal
1 llesca d'arrel de gingebre, picada
½ col, picada
75 ml / 5 cullerades de brou de pollastre
15 ml / 1 cullerada de salsa d'ostres

Fregiu la cansalada fins que estigui cruixent i després traieu-la de la paella. Afegiu-hi la sal i el gingebre i salteu-ho durant 2 minuts. Afegiu-hi la col i remeneu-ho bé, després remeneu-hi la cansalada i afegiu-hi el brou, tapeu-ho i deixeu-ho coure uns 5 minuts fins que la col estigui tendra però encara una mica cruixent. Afegiu-hi la salsa d'ostres, tapeu-ho i deixeu-ho coure 1 minut abans de servir.

Pollastre d'Ametlla

Serveis 4-6

375 ml / 13 fl oz / 1 ½ tasses de brou de pollastre

60 ml / 4 cullerades de vi d'arròs o xerès sec

45 ml / 3 cullerades de farina de blat de moro (midó de blat de moro)

15 ml / 1 cullerada de salsa de soja

4 pits de pollastre

1 clara d'ou

2,5 ml / ½ culleradeta de sal

oli de fregir

75 g / 3 oz / ½ tassa d'ametlla blanquejada

1 pastanaga gran, tallada a daus

5 ml / 1 culleradeta d'arrel de gingebre ratllada

6 cebes tendra (cebolletes), tallades a rodanxes

3 tiges d'api, tallades a rodanxes

100 g / 4 oz de bolets, tallats a rodanxes

100 g / 4 oz de brots de bambú, tallats a rodanxes

Combina el brou, la meitat del vi o el xerès, 30 ml/2 cullerades de farina de blat de moro i la salsa de soja en una cassola. Porteu-ho a ebullició, remenant i deixeu-ho coure durant 5 minuts fins que la barreja espesseixi. Retirar del foc i mantenir calent.

Traieu la pell i els ossos del pollastre i talleu-lo a trossos d'1 cm/2,5 cm. Afegiu-hi el vi o xerès i la farina de blat de moro restants, la clara d'ou i la sal, afegiu-hi els trossos de pollastre i remeneu-ho bé. Escalfeu l'oli i fregiu els trossos de pollastre, uns quants a la vegada, durant uns 5 minuts, fins que estiguin daurats. Assecar bé. Traieu tot menys 30 ml / 2 cullerades d'oli de la paella i fregiu les ametlles durant 2 minuts fins que estiguin daurades. Assecar bé. Afegiu la pastanaga i el gingebre a la paella i sofregiu-ho durant 1 minut. Afegiu la resta de verdures i sofregiu-ho durant uns 3 minuts fins que les verdures estiguin tendres però encara cruixents. Torneu el pollastre i les ametlles a la paella amb la salsa i remeneu-ho a foc moderat durant uns minuts fins que s'escalfi.

Pollastre amb Ametlles i Castanyes d'Aigua

Serveix per 4 porcions

6 bolets secs xinesos

4 trossos de pollastre, desossats

100 g / 4 oz d'ametlla mòlta

sal i pebre recent mòlt

60 ml / 4 cullerades d'oli de cacauet (cacauet)

100 g / 4 oz de castanyes d'aigua, a rodanxes

75 ml / 5 cullerades de brou de pollastre

30 ml / 2 cullerades de salsa de soja

Remullar els bolets en aigua tèbia durant 30 minuts i escórrer. Descartar les tiges i tallar-ne la part superior. Talleu el pollastre a rodanxes fines. Condimenteu les ametlles generosament amb sal i pebre i arrebossem les rodanxes de pollastre amb les ametlles. Escalfeu l'oli i fregiu el pollastre fins que estigui lleugerament daurat. Afegiu-hi els bolets, les castanyes d'aigua, el brou i la salsa de soja, deixeu-ho bullir, tapeu i deixeu-ho coure uns minuts fins que el pollastre estigui ben cuit.

Pollastre amb Ametlles i Verdures

Serveix per 4 porcions

75 ml / 5 cullerades d'oli de cacauet (cacauet)

4 llesques d'arrel de gingebre, picades

5 ml/1 culleradeta de sal

100 g / 4 oz de col xinesa, picada

50 g / 2 oz de brots de bambú, tallats a daus

50 g/2 oz de bolets, tallats a daus

2 tiges d'api, tallades a daus

3 castanyes d'aigua a daus

120 ml / 4 fl oz / ½ tassa de brou de pollastre

225 g / 8 oz de pit de pollastre, tallat a daus

15 ml / 1 cullerada de vi d'arròs o xerès sec

50 g / 2 oz mangeout (pèsols)

100 g / 4 oz d'ametlles en escates, torrades

10 ml / 2 culleradetes de farina de blat de moro (midó de blat de moro)

15 ml / 1 cullerada d'aigua

Escalfeu la meitat de l'oli i sofregiu el gingebre i la sal durant 30 segons. Afegiu-hi la col, els brots de bambú, els bolets, l'api i les castanyes d'aigua i salteu-ho durant 2 minuts. Afegir el brou, portar a ebullició, tapar i coure durant 2 minuts. Retireu les verdures i la salsa de la paella. Escalfeu l'oli restant i fregiu el pollastre durant 1 minut. Afegiu-hi el vi o el xerès i sofregiu-ho durant 1 minut. Torneu les verdures a la paella amb el mangeut i les ametlles i deixeu-ho coure durant 30 segons. Batre la farina de blat de moro i l'aigua fins que quedi una pasta, incorporar-hi la salsa i coure, remenant, fins que la salsa espesseixi.

pollastre a l'anís

Serveix per 4 porcions

75 ml / 5 cullerades d'oli de cacauet (cacauet)

2 cebes, picades

1 gra d'all, picat

2 rodanxes d'arrel de gingebre, picades

15 ml / 1 cullerada de farina normal (tot ús)

30 ml/2 cullerades de curri en pols

450 g/1 lliura de pollastre, tallat a daus

15 ml / 1 cullerada de sucre

30 ml / 2 cullerades de salsa de soja

450 ml / ¾ pt / 2 tasses de brou de pollastre

2 grans d'anís estrellat

225 g / 8 oz de patates, tallades a daus

Escalfeu la meitat de l'oli i sofregiu les cebes fins que estiguin lleugerament daurades, després retireu-les de la paella. Escalfeu l'oli restant i sofregiu l'all i el gingebre durant 30 segons. Afegiu-hi la farina i el curri i deixeu-ho coure 2 minuts. Torneu les cebes a la paella, afegiu-hi el pollastre i sofregiu-ho durant 3 minuts. Afegiu el sucre, la salsa de soja, el brou i l'anís, porteu-ho a ebullició, tapeu i deixeu-ho coure durant 15 minuts. Afegiu-hi les patates, torneu a bullir, tapeu i deixeu-ho coure 20 minuts més fins que estiguin tendres.

pollastre amb albercoc

Serveix per 4 porcions

4 trossos de pollastre

sal i pebre recent mòlt

una mica de gingebre mòlt

60 ml / 4 cullerades d'oli de cacauet (cacauet)

225 g / 8 oz d'albercocs en conserva, a la meitat

300 ml / ½ pt / 1 ¼ tasses de salsa agredolça

30 ml/2 cullerades d'ametlla en trossos, torrades

Condimenteu el pollastre amb sal, pebre i gingebre. Escalfeu l'oli i fregiu el pollastre fins que estigui lleugerament daurat. Tapeu-ho i deixeu-ho coure durant uns 20 minuts fins que estigui tendre, girant de tant en tant. Escorreu l'oli. Afegiu els albercocs i la salsa a la cassola, deixeu-ho bullir, tapeu i deixeu-ho coure lentament durant uns 5 minuts o fins que s'escalfi. Decorar amb ametlles laminates.

Pollastre Amb Espàrrecs

Serveix per 4 porcions

45 ml / 3 cullerades d'oli de cacauet (cacauet)

5 ml/1 culleradeta de sal

1 gra d'all, triturat

1 escalunya (escalunya), picada

1 pit de pollastre, tallat a rodanxes

30 ml / 2 cullerades de salsa de mongetes negres

350 g / 12 oz d'espàrrecs, tallats a 2,5 cm / 1 peça

120 ml / 4 fl oz / ½ tassa de brou de pollastre

5 ml/1 culleradeta de sucre

15 ml / 1 cullerada de farina de blat de moro (midó de blat de moro)

45 ml / 3 cullerades d'aigua

Escalfeu la meitat de l'oli d'oliva i sofregiu la sal, l'all i el cibulet fins que estigui lleugerament daurat. Afegiu el pollastre i fregiu-lo fins que estigui lleugerament daurat. Afegiu la salsa de mongetes negres i remeneu per cobrir el pollastre. Afegiu-hi els espàrrecs, el brou i el sucre, deixeu-ho bullir, tapeu i deixeu-ho coure 5 minuts fins que el pollastre estigui tendre. Batre la farina de blat de moro i l'aigua fins que es formi una pasta, remenar a la paella i coure, remenant, fins que la salsa estigui clara i espessa.

Pollastre amb alberginia

Serveix per 4 porcions

225 g / 8 oz de pollastre, a rodanxes
15 ml / 1 cullerada de salsa de soja
15 ml / 1 cullerada de vi d'arròs o xerès sec
15 ml / 1 cullerada de farina de blat de moro (midó de blat de moro)
1 alberginia (alberginia), pelada i tallada a tires
30 ml / 2 cullerades d'oli de cacauet (cacauet)
2 pebrots vermells secs
2 grans d'all, triturats
75 ml / 5 cullerades de brou de pollastre

Col·loqueu el pollastre en un bol. Batre la salsa de soja, el vi o el xerès i la farina de blat de moro, barrejar-lo amb el pollastre i deixar reposar durant 30 minuts. Escalfeu les alberginies en aigua bullint durant 3 minuts i escorreu-les bé. Escalfeu l'oli i fregiu els pebrots fins que sigui fosc, retireu-los i llenceu-los. Afegiu l'all i el pollastre i sofregiu-los fins que estiguin lleugerament daurats.

Afegiu-hi el brou i l'albergínia, porteu-ho a ebullició, tapeu i deixeu-ho coure durant 3 minuts, remenant de tant en tant.

Embolcall de pollastre i cansalada

Serveis 4-6

225 g/8 oz de pollastre, tallat a daus
30 ml / 2 cullerades de salsa de soja
15 ml / 1 cullerada de vi d'arròs o xerès sec
5 ml/1 culleradeta de sucre
5 ml/1 culleradeta d'oli de sèsam
sal i pebre recent mòlt
225 g / 8 oz de rodanxes de cansalada
1 ou lleugerament batut
100 g / 4 oz de farina normal (tot ús)
oli de fregir
4 tomàquets, tallats a rodanxes

Barrejar el pollastre amb la salsa de soja, vi o xerès, sucre, oli de sèsam, sal i pebre. Cobrir i marinar durant 1 hora, remenant de tant en tant, després treure el pollastre i descartar la marinada. Talleu la cansalada a trossos i envolteu els daus de pollastre.

Batem els ous amb la farina fins que es formi una massa espessa, afegint-hi una mica de llet si cal. Submergeix els daus a la massa. Escalfeu l'oli i fregiu els daus fins que estiguin daurats i cuits. Servir guarnit amb tomàquets.

Pollastre amb brots de soja

Serveix per 4 porcions
45 ml / 3 cullerades d'oli de cacauet (cacauet)
1 gra d'all, triturat
1 escalunya (escalunya), picada
1 llesca d'arrel de gingebre, picada
225 g / 8 oz de pit de pollastre, tallat a rodanxes
225 g / 8 oz de brots de soja
45 ml / 3 cullerades de salsa de soja
15 ml / 1 cullerada de vi d'arròs o xerès sec
5 ml / 1 cullleradeta de farina de blat de moro (midó de blat de moro)

Escalfeu l'oli i sofregiu els alls, les escalunyes i el gingebre fins que estiguin lleugerament daurats. Afegiu el pollastre i salteu-ho durant 5 minuts. Afegiu-hi els brots de soja i salteu-ho durant 2 minuts. Incorporeu-hi la salsa de soja, el vi o el xerès i la farina de blat de moro i sofregiu-ho durant uns 3 minuts fins que el pollastre estigui cuit.

Pollastre amb salsa de mongetes negres

Serveix per 4 porcions

30 ml / 2 cullerades d'oli de cacauet (cacauet)

5 ml/1 culleradeta de sal

30 ml / 2 cullerades de salsa de mongetes negres

2 grans d'all, triturats

450 g/1 lliura de pollastre, tallat a daus

250 ml / 8 fl oz / 1 tassa de brou

1 pebrot verd, tallat a daus

1 ceba picada

15 ml / 1 cullerada de salsa de soja

pebre recent mòlt

15 ml / 1 cullerada de farina de blat de moro (midó de blat de moro)

45 ml / 3 cullerades d'aigua

Escalfeu l'oli i sofregiu la sal, les mongetes negres i l'all durant 30 segons. Afegiu el pollastre i fregiu-lo fins que estigui lleugerament daurat. Afegir el brou, portar a ebullició, tapar i coure durant 10 minuts. Afegiu-hi el pebrot, la ceba, la salsa de soja i el pebrot, tapeu-ho i deixeu-ho coure 10 minuts més. Batre la farina de blat de moro i l'aigua fins que quedi una pasta, incorporar-hi la salsa i coure, remenant, fins que la salsa espesseixi i el pollastre estigui tendre.

pollastre amb bròquil

Serveix per 4 porcions

450 g/1 lb de carn de pollastre, tallada a daus

225 g / 8 oz de fetge de pollastre

45 ml / 3 cullerades de farina normal (tot ús)

45 ml / 3 cullerades d'oli de cacauet (cacauet)

1 ceba, tallada a daus

1 pebrot vermell, tallat a daus

1 pebrot verd, tallat a daus

225 g de floretes de bròquil

4 rodanxes de pinya, tallades a daus

30 ml / 2 cullerades de puré de tomàquet (pasta)

30 ml/2 cullerades de salsa hoisin

30 ml/2 cullerades de mel

30 ml / 2 cullerades de salsa de soja
300 ml / ½ pt / 1 ¼ tasses de brou de pollastre
10 ml/2 culleradetes d'oli de sèsam

Dragar el pollastre i els fetges de pollastre en farina. Escalfeu l'oli i sofregiu el fetge durant 5 minuts, després retireu-lo de la paella. Afegiu el pollastre, tapeu i fregiu a foc moderat durant 15 minuts, remenant de tant en tant. Afegiu-hi les verdures i la pinya i sofregiu-ho durant 8 minuts. Torneu els fetges al wok, afegiu-hi els ingredients restants i deixeu-ho bullir. Cuini, remenant, fins que la salsa espesseixi.

Pollastre amb col i cacauets

Serveix per 4 porcions

45 ml / 3 cullerades d'oli de cacauet (cacauet)
30 ml / 2 cullerades de cacauets
450 g/1 lliura de pollastre, tallat a daus
½ col tallada a quadrats
15 ml / 1 cullerada de salsa de mongetes negres
2 pebrots vermells, picats
5 ml/1 culleradeta de sal

Escalfeu una mica d'oli i sofregiu els cacauets durant uns minuts, sense deixar de remenar. Retirar, escórrer i aixafar. Escalfeu l'oli restant i fregiu el pollastre i la col fins que estiguin lleugerament daurats. Retirar de la paella. Afegiu-hi la salsa de mongeta negra i xili i salteu-ho durant 2 minuts. Torneu el pollastre i la col a la paella amb els cacauets triturats i rectifiqueu de sal. Fregir fins que estigui calent i servir immediatament.

Pollastre amb anacards

Serveix per 4 porcions

30 ml / 2 cullerades de salsa de soja

30 ml / 2 cullerades de farina de blat de moro (midó de blat de moro)

15 ml / 1 cullerada de vi d'arròs o xerès sec

350 g/12 oz de pollastre, tallat a daus

45 ml / 3 cullerades d'oli de cacauet (cacauet)

2,5 ml/½ culleradeta de sal

2 grans d'all, triturats

225 g / 8 oz de bolets, a rodanxes

100 g / 4 oz de castanyes d'aigua, a rodanxes

100 g de brots de bambú

50 g / 2 oz mangeout (pèsols)

225 g / 8 oz / 2 tasses d'anacard

300 ml / ½ pt / 1 ¼ tasses de brou de pollastre

Batre la salsa de soja, la farina de blat de moro i el vi o el xerès, abocar sobre el pollastre, tapar i marinar durant almenys 1 hora. Escalfeu 30 ml/2 cullerades d'oli amb la sal i els alls i sofregiu-los fins que els alls estiguin lleugerament daurats. Afegiu el pollastre amb la marinada i sofregiu-ho durant 2 minuts fins que el pollastre estigui lleugerament daurat. Afegiu-hi els bolets, les castanyes d'aigua, els brots de bambú i la mangeta i sofregiu-ho durant 2 minuts. Mentrestant, escalfeu l'oli restant en una paella a part i fregiu els anacards a foc lent durant uns minuts fins que estiguin daurats. Afegiu-los a la cassola amb el brou, porteu-los a ebullició, tapeu i deixeu-ho coure durant 5 minuts. Si la salsa no espessa prou, afegiu-hi una mica de farina de blat de moro barrejada amb una cullerada d'aigua i remeneu fins que la salsa espesseixi i quedi lleugera.

pollastre amb castanyes

Serveix per 4 porcions

225 g / 8 oz de pollastre, a rodanxes

5 ml/1 culleradeta de sal

15 ml / 1 cullerada de salsa de soja

oli de fregir

250 ml / 8 fl oz / 1 tassa de brou de pollastre

200 g / 7 oz de castanyes d'aigua, picades

225 g de castanyes, picades

225 g / 8 oz de bolets, tallats a quarts

15 ml/1 cullerada de julivert fresc picat

Espolvorear el pollastre amb sal i salsa de soja i fregar-lo bé al pollastre. Escalfeu l'oli i fregiu el pollastre fins que estigui daurat, retireu-lo i escorreu-lo. Poseu el pollastre en una cassola amb el brou, deixeu-ho bullir i deixeu-ho coure 5 minuts. Afegiu-hi les castanyes d'aigua, les castanyes i els bolets, tapeu i deixeu-ho coure uns 20 minuts fins que estigui tot tendre. Servir guarnit amb julivert.

Pollastre picant

Serveix per 4 porcions

350 g/1 lb de carn de pollastre, tallada a daus

1 ou, lleugerament batut

10 ml/2 culleradetes de salsa de soja

2,5 ml/½ culleradeta de farina de blat de moro (midó de blat de moro)

oli de fregir

1 pebrot verd, tallat a daus

4 grans d'all, triturats

2 pebrots vermells, picats

5 ml/1 culleradeta de pebre recent mòlt

5 ml/1 culleradeta de vinagre de vi

5 ml/1 culleradeta d'aigua

2,5 ml/½ culleradeta de sucre

2,5 ml/½ culleradeta d'oli de xili

2,5 ml/½ culleradeta d'oli de sèsam

Barregeu el pollastre amb l'ou, la meitat de la salsa de soja i la farina de blat de moro i deixeu-ho reposar 30 minuts. Escalfeu l'oli i fregiu el pollastre fins que estigui daurat i escorreu bé. Aboqueu tot menys 15 ml/1 cullerada d'oli de la paella, afegiu-hi el bitxo, l'all i el bitxo i sofregiu-ho durant 30 segons. Afegiu-hi el pebrot, el vinagre de vi, l'aigua i el sucre i sofregiu durant 30 segons. Torneu el pollastre a la paella i fregiu-lo uns minuts fins que estigui cuit. Servir espolvoreat amb oli de sèsam i pebre.

Pollastre rostit amb pebre

Serveix per 4 porcions

225 g / 8 oz de pollastre, a rodanxes

2,5 ml/½ culleradeta de salsa de soja

2,5 ml/½ culleradeta d'oli de sèsam

2,5 ml/½ culleradeta de vi d'arròs o xerès sec

5 ml / 1 culleradeta de farina de blat de moro (midó de blat de moro)

sal

45 ml / 3 cullerades d'oli de cacauet (cacauet)

100 g/4 oz d'espinacs

4 cebes tendra (cebolletes), picades

2,5 ml/½ culleradeta de xili en pols

15 ml / 1 cullerada d'aigua

1 tomàquet, tallat a rodanxes

Remeneu el pollastre amb la salsa de soja, l'oli de sèsam, el vi o el xerès, la meitat de la farina de blat de moro i una mica de sal. Deixeu-ho reposar 30 minuts. Escalfeu 15 ml / 1 cullerada d'oli i fregiu el pollastre fins que estigui lleugerament daurat. Retirar del wok. Escalfeu 15 ml/1 cullerada d'oli i sofregiu els espinacs fins que es marceixin i retireu-los del wok. Escalfeu l'oli restant i fregiu les cebolletes, el xili en pols, l'aigua i la farina de blat de moro restant durant 2 minuts. Afegiu-hi el pollastre i salteu ràpidament. Col·loqueu els espinacs en un plat escalfat, poseu-hi el pollastre per sobre i serviu-ho guarnit amb tomàquets.

Chicken Chop Suey

Serveix per 4 porcions

100 g / 4 oz de fulles xineses, picades

100 g / 4 oz de brots de bambú, tallats a tires

60 ml / 4 cullerades d'oli de cacauet (cacauet)

3 cebes tendra (cebolletes), tallades a rodanxes

2 grans d'all, triturats

1 llesca d'arrel de gingebre, picada

225 g / 8 oz de pit de pollastre, tallat a tires

45 ml / 3 cullerades de salsa de soja

15 ml / 1 cullerada de vi d'arròs o xerès sec

5 ml/1 culleradeta de sal

2,5 ml/½ culleradeta de sucre

pebre recent mòlt

15 ml / 1 cullerada de farina de blat de moro (midó de blat de moro)

Escaldeu les fulles xineses i els brots de bambú en aigua bullint durant 2 minuts. Escórrer i assecar. Escalfeu 45 ml / 3 cullerades d'oli i sofregiu la ceba, l'all i el gingebre fins que estiguin lleugerament daurats. Afegiu el pollastre i salteu-ho durant 4 minuts. Retirar de la paella. Escalfeu l'oli restant i fregiu les verdures durant 3 minuts. Afegiu-hi el pollastre, la salsa de soja, el vi o el xerès, la sal, el sucre i una mica de pebre i salteu-ho durant 1 minut. Barregeu la farina de blat de moro amb una mica d'aigua, incorporeu-hi la salsa i deixeu-ho coure, remenant, fins que la salsa s'aclareixi i espessi.

chow mein de pollastre

Serveix per 4 porcions

30 ml / 2 cullerades d'oli de cacauet (cacauet)

2 grans d'all, triturats

450 g/1 lliura de pollastre, tallat a rodanxes

225 g / 8 oz de brots de bambú, tallats a rodanxes

100 g / 4 oz d'api, tallat a rodanxes

225 g / 8 oz de bolets, a rodanxes

450 ml / ¾ pt / 2 tasses de brou de pollastre

225 g / 8 oz de brots de soja

4 cebes, tallades a rodanxes

30 ml / 2 cullerades de salsa de soja

30 ml / 2 cullerades de farina de blat de moro (midó de blat de moro)

225 g de fideus xinesos secs

Escalfeu l'oli amb l'all fins que es dauri lleugerament, després afegiu-hi el pollastre i fregiu-ho durant 2 minuts fins que estigui lleugerament daurat. Afegiu els brots de bambú, l'api i els bolets i salteu-ho durant 3 minuts. Afegiu la major part del brou, porteu-ho a ebullició, tapeu i deixeu-ho coure durant 8 minuts. Afegiu-hi els brots de soja i les cebes i deixeu-ho coure 2 minuts, remenant, fins que quedi una mica de brou. Barregeu el brou restant amb la salsa de soja i la farina de blat de moro. Incorporeu-ho a la cassola i deixeu-ho coure, remenant, fins que la salsa s'hagi alleugerit i espessi.

Mentrestant, coure la pasta en aigua bullint amb sal durant uns minuts, segons les instruccions del paquet. Escórrer bé, tirar amb la barreja de pollastre i servir immediatament.

Pollastre fregit picant cruixent

Serveix per 4 porcions

450 g/1 lb de carn de pollastre, tallada a trossos

30 ml / 2 cullerades de salsa de soja

30 ml / 2 cullerades de salsa de pruna

45 ml/3 cullerades de chutney de mango

1 gra d'all, triturat

2,5 ml/½ culleradeta de gingebre en pols

unes gotes de brandi

30 ml / 2 cullerades de farina de blat de moro (midó de blat de moro)

2 ous, batuts

100 g / 4 oz / 1 tassa de molla de pa sec

30 ml / 2 cullerades d'oli de cacauet (cacauet)

6 cebes tendra (cebes vermelles), picades

1 pebrot vermell, tallat a daus
1 pebrot verd, tallat a daus
30 ml / 2 cullerades de salsa de soja
30 ml/2 cullerades de mel
30 ml/2 cullerades de vinagre de vi

Col·loqueu el pollastre en un bol. Combineu les salses, el chutney, l'all, el gingebre i el brandi, aboqueu-ho sobre el pollastre, tapeu i deixeu marinar durant 2 hores. Escorreu el pollastre i després empolvoreu-ho amb farina de blat de moro. Submergeix-los en ous i després en pa ratllat. Escalfeu l'oli i fregiu el pollastre fins que estigui daurat. Retirar de la paella. Afegir les verdures i sofregir durant 4 minuts i retirar. Escorreu l'oli de la paella i torneu el pollastre i les verdures a la paella amb la resta d'ingredients. Porteu a ebullició i escalfeu abans de servir.

Pollastre fregit amb cogombre

Serveix per 4 porcions

225 g / 8 oz de carn de pollastre

1 clara d'ou

2,5 ml/½ culleradeta de farina de blat de moro (midó de blat de moro)

sal

½ cogombre

30 ml / 2 cullerades d'oli de cacauet (cacauet)

100 g de xampinyons

50 g / 2 oz de brots de bambú, tallats a tires

50 g/2 oz de pernil, tallat a daus

15 ml / 1 cullerada d'aigua

2,5 ml/½ culleradeta de sal

2,5 ml/½ culleradeta de vi d'arròs o xerès sec

2,5 ml/½ culleradeta d'oli de sèsam

Talleu el pollastre i talleu-lo a trossos. Barrejar amb la clara d'ou, la farina de blat de moro i la sal i deixar reposar. Talleu el cogombre per la meitat longitudinalment i talleu-lo en diagonal a rodanxes gruixudes. Escalfeu l'oli i fregiu el pollastre fins que estigui lleugerament daurat, després retireu-lo de la paella. Afegiu el cogombre i els brots de bambú i salteu-ho durant 1 minut. Torneu el pollastre a la paella amb el pernil, l'aigua, la sal i el vi o xerès. Porta a ebullició i cuina fins que el pollastre estigui tendre. Servir ruixat amb oli de sèsam.

Pollastre al Curry amb Pebre

Serveix per 4 porcions

120 ml / 4 fl oz / ½ tassa d'oli de cacauet (cacauet)

4 trossos de pollastre

1 ceba picada

5 ml/1 culleradeta de curri en pols

5 ml / 1 culleradeta de salsa de xili

15 ml / 1 cullerada de vi d'arròs o xerès sec

2,5 ml/½ culleradeta de sal

600 ml / 1 pt / 2½ tasses de brou de pollastre

15 ml / 1 cullerada de farina de blat de moro (midó de blat de moro)

45 ml / 3 cullerades d'aigua

5 ml/1 culleradeta d'oli de sèsam

Escalfeu l'oli i fregiu els trossos de pollastre fins que estiguin daurats per les dues cares i retireu-los de la paella. Afegiu la ceba, el curri en pols i la salsa de xili i sofregiu-ho durant 1 minut. Afegiu-hi el vi o el xerès i la sal, remeneu-ho bé, després torneu el pollastre a la cassola i torneu a remenar. Afegiu-hi el brou, deixeu-ho bullir i deixeu-ho coure lentament uns 30 minuts fins que el pollastre estigui tendre. Si la salsa no s'ha reduït prou, barregeu la farina de blat de moro i l'aigua fins a obtenir una pasta, remeneu una mica a la salsa i deixeu-ho coure, remenant, fins que la salsa espesseixi. Servir ruixat amb oli de sèsam.

pollastre al curri xinès

Serveix per 4 porcions

45 ml/3 cullerades de curri en pols

1 ceba, tallada a rodanxes

350 g/12 oz de pollastre, tallat a daus

150 ml/¼ pt/generosa ½ tassa de brou de pollastre

5 ml/1 culleradeta de sal

10 ml / 2 culleradetes de farina de blat de moro (midó de blat de moro)

15 ml / 1 cullerada d'aigua

Escalfeu el curri i la ceba en una paella seca durant 2 minuts, agitant la paella per cobrir la ceba. Afegiu el pollastre i remeneu-ho fins que estigui ben cobert amb el curri. Afegiu-hi el brou i la sal, porteu-ho a ebullició, tapeu i deixeu-ho coure uns 5 minuts fins que el pollastre estigui tendre. Batre la farina de blat de moro i l'aigua fins que es formi una pasta, remenar a la paella i coure, remenant, fins que la salsa espesseixi.

Pollastre al curry ràpid

Serveix per 4 porcions

450 g/1 lb de pit de pollastre, tallat a daus

45 ml / 3 cullerades de vi d'arròs o xerès sec

50 g de farina de blat de moro (midó de blat de moro)

1 clara d'ou

sal

150 ml/¼ pt/generosa ½ tassa d'oli de cacauet (cacauet)

15 ml/1 cullerada de curri en pols

10 ml / 2 culleradetes de sucre moreno
150 ml/¼ pt/generosa ½ tassa de brou de pollastre

Incorporeu-hi els daus de pollastre i el xerès. Reserveu 10 ml/2 culleradetes de farina de blat de moro. Bateu les clares d'ou amb la farina de blat de moro restant i una mica de sal, després remeneu-ho al pollastre fins que estigui ben cobert. Escalfeu l'oli i fregiu el pollastre fins que estigui cuit i estigui daurat. Retirar de la paella i escórrer tot menys 15 ml/1 cullerada d'oli. Afegiu la farina de blat de moro reservada, el curri en pols i el sucre i sofregiu-ho durant 1 minut. Afegiu-hi el brou, deixeu-ho bullir i deixeu-ho coure sense parar de remenar fins que la salsa espesseixi. Torneu el pollastre a la paella, remeneu-lo i torneu-lo a escalfar abans de servir.

Pollastre al curri amb patates

Serveix per 4 porcions
45 ml / 3 cullerades d'oli de cacauet (cacauet)
2,5 ml/½ culleradeta de sal
1 gra d'all, triturat
750 g / 1½ lb de pollastre, tallat a daus
225 g / 8 oz de patates, tallades a daus
4 cebes, tallades a rodanxes
15 ml/1 cullerada de curri en pols

450 ml / ¾ pt / 2 tasses de brou de pollastre

225 g / 8 oz de bolets, a rodanxes

Escalfeu l'oli amb la sal i l'all, afegiu-hi el pollastre i sofregiu fins que estigui lleugerament daurat. Afegiu les patates, la ceba i el curri en pols i sofregiu-ho durant 2 minuts. Afegiu el brou, porteu-ho a ebullició, tapeu i deixeu-ho coure uns 20 minuts fins que el pollastre estigui cuit, remenant de tant en tant. Afegiu-hi els bolets, traieu la tapa i deixeu-ho coure 10 minuts més fins que el líquid s'hagi reduït.

Cuxes de pollastre fregides

Serveix per 4 porcions

2 cuixes de pollastre grans, desossades

2 cebes tendra (cebes vermelles)

1 llesca de gingebre, batuda plana

120 ml / 4 fl oz / ½ tassa de salsa de soja

5 ml/1 culleradeta de vi d'arròs o xerès sec

oli de fregir

5 ml/1 culleradeta d'oli de sèsam

pebre recent mòlt

Untar la carn de pollastre i marcar-ho tot. Batre 1 cibulet i picar l'altre. Barregeu el cibulet aplanat amb el gingebre, la salsa de soja i el vi o xerès. Aboqueu-hi el pollastre i deixeu-ho marinar durant 30 minuts. Retirar i escórrer. Col·locar en un plat sobre una reixeta de vapor i cuinar al vapor durant 20 minuts.

Escalfeu l'oli i fregiu el pollastre durant uns 5 minuts fins que estigui daurat. Retirar de la paella, escórrer bé i tallar a rodanxes gruixudes, després disposar les rodanxes en un plat de servir escalfat. Escalfeu l'oli de sèsam, afegiu-hi el cibulet i el pebre picat, aboqueu-hi el pollastre i serviu.

Pollastre fregit amb salsa de curri

Serveix per 4 porcions

1 ou, lleugerament batut

30 ml / 2 cullerades de farina de blat de moro (midó de blat de moro)

25 g / 1 oz / ¼ tassa de farina normal (tot ús)

2,5 ml/½ culleradeta de sal

225 g/8 oz de pollastre, tallat a daus

oli de fregir

30 ml / 2 cullerades d'oli de cacauet (cacauet)

30 ml/2 cullerades de curri en pols

60 ml / 4 cullerades de vi d'arròs o xerès sec

Bateu l'ou amb la farina de blat de moro, la farina i la sal fins a obtenir una massa espessa. Aboqueu-hi el pollastre i remeneu-ho bé per arrebossar-lo. Escalfeu l'oli i fregiu el pollastre fins que estigui daurat i cuit. Mentrestant, escalfeu l'oli i fregiu el curri en pols durant 1 minut. Afegiu-hi el vi o el xerès i deixeu-ho bullir. Col·loqueu el pollastre en un plat escalfat i aboqueu-hi la salsa de curri.

pollastre begut

Serveix per 4 porcions

450 g/1 lb de filet de pollastre, tallat a trossos

60 ml / 4 cullerades de salsa de soja

30 ml/2 cullerades de salsa hoisin

30 ml / 2 cullerades de salsa de pruna

30 ml/2 cullerades de vinagre de vi

2 grans d'all, triturats

pessic de sal

unes gotes d'oli de xili

2 clares d'ou

60 ml / 4 cullerades de farina de blat de moro (midó de blat de moro)

oli de fregir

200 ml / ½ pt / 1 ¼ tasses de vi d'arròs o xerès sec

Col·loqueu el pollastre en un bol. Barrejar les salses i el vinagre de vi, l'all, la sal i l'oli de pebre, abocar sobre el pollastre i deixar marinar a la nevera durant 4 hores. Batre les clares fins que estiguin rígides i incorporar-les a la farina de blat de moro. Traieu el pollastre de l'adob i recobrireu-lo amb la barreja de clara d'ou. Escalfeu l'oli i fregiu el pollastre fins que estigui cuit i estigui daurat. Escorreu bé sobre paper de cuina i poseu-ho en un bol. Aboqui el vi o el xerès, tapeu i deixeu marinar a la nevera durant 12 hores. Retireu el pollastre del vi i serviu-lo fred.

Pollastre Salat amb Ous

Serveix per 4 porcions

30 ml / 2 cullerades d'oli de cacauet (cacauet)

4 trossos de pollastre

2 cebes tendra (cebolletes), picades

1 gra d'all, triturat

1 llesca d'arrel de gingebre, picada

175 ml / 6 fl oz / ¾ tassa de salsa de soja

30 ml / 2 cullerades de vi d'arròs o xerès sec

30 ml / 2 cullerades de sucre moreno

5 ml/1 culleradeta de sal

375 ml / 13 fl oz / 1½ tasses d'aigua

4 ous durs (durs)

15 ml / 1 cullerada de farina de blat de moro (midó de blat de moro)

Escalfeu l'oli i fregiu els trossos de pollastre fins que estiguin daurats. Afegiu-hi les escalunyes, l'all i el gingebre i sofregiu-ho durant 2 minuts. Afegiu-hi la salsa de soja, el vi o xerès, el sucre i la sal i remeneu-ho bé. Afegir aigua i portar a ebullició, tapar i coure durant 20 minuts. Afegiu-hi els ous durs, tapeu i deixeu-ho coure durant 15 minuts més. Barregeu la farina de blat de moro amb una mica d'aigua, incorporeu-hi la salsa i deixeu-ho coure, remenant, fins que la salsa s'aclareixi i espessi.

rotllets d'ou de gallina

Serveix per 4 porcions

4 bolets secs xinesos

100 g/4 oz de pollastre, tallat a tires

5 ml / 1 culleradeta de farina de blat de moro (midó de blat de moro)

15 ml / 1 cullerada de salsa de soja

2,5 ml/½ culleradeta de sal

2,5 ml/½ culleradeta de sucre

60 ml / 4 cullerades d'oli de cacauet (cacauet)

225 g / 8 oz de brots de soja
3 cebes tendra (cebolletes), picades
100 g/4 oz d'espinacs
12 pells de rotlle d'ou
1 ou, batut
oli de fregir

Remullar els bolets en aigua tèbia durant 30 minuts i escórrer. Descartar les tiges i tallar-ne la part superior. Col·loqueu el pollastre en un bol. Barregeu la farina de blat de moro amb 5 ml/1 culleradeta de salsa de soja, la sal i el sucre i barregeu-ho amb el pollastre. Deixeu-ho reposar 15 minuts. Escalfeu la meitat de l'oli i fregiu el pollastre fins que estigui lleugerament daurat. Escalfeu els brots de soja en aigua bullint durant 3 minuts i escorreu-los. Escalfeu l'oli restant i sofregiu les escalunyes fins que estiguin lleugerament daurades. Incorporeu-hi els bolets, els brots de soja, els espinacs i la salsa de soja restant. Afegiu el pollastre i salteu-ho durant 2 minuts. Deixeu refredar. Col·loqueu una mica de farciment al centre de cada pell i unteu les vores amb ou batut. Doblegueu els costats i enrotlleu els rotllets d'ou, segellant les vores amb ou. Escalfeu l'oli i fregiu els rotllets d'ou fins que estiguin cruixents i daurats.

Pollastre rostit amb ous

Serveix per 4 porcions

30 ml / 2 cullerades d'oli de cacauet (cacauet)

4 filets de pit de pollastre tallats a tires

1 pebrot vermell, tallat a tires

1 pebrot verd, tallat a tires

45 ml / 3 cullerades de salsa de soja

45 ml / 3 cullerades de vi d'arròs o xerès sec

250 ml / 8 fl oz / 1 tassa de brou de pollastre

100 g / 4 oz d'enciam iceberg, triturat

5 ml / 1 culleradeta de sucre moreno

30 ml/2 cullerades de salsa hoisin

sal i pebre

15 ml / 1 cullerada de farina de blat de moro (midó de blat de moro)

30 ml / 2 cullerades d'aigua

4 ous

30 ml / 2 cullerades de xerès

Escalfeu l'oli i fregiu el pollastre i el pebrot fins que estiguin daurats. Afegiu-hi la salsa de soja, el vi o el xerès i el brou, porteu-ho a ebullició, tapeu i deixeu-ho coure a foc lent durant 30 minuts. Afegim l'enciam, el sucre i la salsa hoisin i rectifiquem de sal i pebre. Combineu la farina de blat de moro i l'aigua, remeneu-ho amb la salsa i deixeu-ho bullir, remenant. Bateu els ous amb xerès i fregiu-los com truites primes. Espolvorear amb sal i pebre i tallar a tires. Col·loqueu-lo en una safata calenta i aboqueu-hi el pollastre.

pollastre de l'Extrem Orient

Serveix per 4 porcions

60 ml / 4 cullerades d'oli de cacauet (cacauet)

450 g/1 lb de carn de pollastre, tallada a trossos

2 grans d'all, triturats

2,5 ml/½ culleradeta de sal

2 cebes, picades

2 trossos de tija de gingebre picada

45 ml / 3 cullerades de salsa de soja

30 ml/2 cullerades de salsa hoisin

45 ml / 3 cullerades de vi d'arròs o xerès sec

300 ml / ½ pt / 1 ¼ tasses de brou de pollastre

5 ml/1 culleradeta de pebre recent mòlt

6 ous durs, picats

15 ml / 1 cullerada de farina de blat de moro (midó de blat de moro)

15 ml / 1 cullerada d'aigua

Escalfeu l'oli i fregiu el pollastre fins que estigui daurat. Afegiu-hi l'all, la sal, la ceba i el gingebre i sofregiu-ho durant 2 minuts. Afegiu-hi la salsa de soja, la salsa hoisin, el vi o xerès, el brou i el pebre. Portar a ebullició, tapar i coure durant 30 minuts. Afegiu els ous. Combina la farina de blat de moro i l'aigua i barreja-ho amb la salsa. Portar a ebullició i coure, remenant, fins que la salsa espesseixi.

Pollastre Foo Yung

Serveix per 4 porcions

6 ous batuts

45 ml / 3 cullerades de farina de blat de moro (midó de blat de moro)

100 g/4 oz de bolets, tallats gruixuts

225 g / 8 oz de pit de pollastre, tallat a daus

1 ceba, picada finament

5 ml/1 culleradeta de sal

45 ml / 3 cullerades d'oli de cacauet (cacauet)

Bateu els ous i després la farina de blat de moro. Barregeu tots els ingredients restants excepte l'oli. Escalfeu l'oli. Aboqueu la barreja a la paella una mica a la vegada per fer petites creps d'uns 3 polzades de diàmetre. Cuini fins que el fons estigui daurat, gireu i coeu l'altre costat.

Pernil i pollastre Foo Yung

Serveix per 4 porcions

6 ous batuts

45 ml / 3 cullerades de farina de blat de moro (midó de blat de moro)

100 g/4 oz de pernil, tallat a daus

225 g / 8 oz de pit de pollastre, tallat a daus

3 cebes tendres (cebes), tallades finament

5 ml/1 culleradeta de sal

45 ml / 3 cullerades d'oli de cacauet (cacauet)

Bateu els ous i després la farina de blat de moro. Barregeu tots els ingredients restants excepte l'oli. Escalfeu l'oli. Aboqueu la barreja a la paella una mica a la vegada per fer petites creps d'uns 3 polzades de diàmetre. Cuini fins que el fons estigui daurat, gireu i coeu l'altre costat.

Pollastre Fregit amb Gingebre

Serveix per 4 porcions

1 pollastre, tallat a la meitat

4 llesques d'arrel de gingebre, triturades

30 ml / 2 cullerades de vi d'arròs o xerès sec

30 ml / 2 cullerades de salsa de soja

5 ml/1 culleradeta de sucre

oli de fregir

Col·loqueu el pollastre en un bol poc profund. Barrejar el gingebre, el vi o el xerès, la salsa de soja i el sucre, abocar sobre el pollastre i fregar-lo amb la pell. Ho deixem marinar 1 hora. Escalfeu l'oli i sofregiu el pollastre, mig a un, fins que estigui lleugerament daurat. Retirar de l'oli i deixar refredar una mica mentre s'escalfa l'oli. Torneu el pollastre a la paella i fregiu-lo fins que estigui daurat i cuit. Escorreu bé abans de servir.

Pollastre Amb Gingebre

Serveix per 4 porcions

225 g / 8 oz de pollastre, a rodanxes fines

1 clara d'ou

pessic de sal

2,5 ml/½ culleradeta de farina de blat de moro (midó de blat de moro)

15 ml / 1 cullerada d'oli de cacauet

10 llesques d'arrel de gingebre

6 bolets, tallats per la meitat

1 pastanaga, tallada a rodanxes

2 cebes tendra (cebes), tallades a rodanxes

5 ml/1 culleradeta de vi d'arròs o xerès sec

5 ml/1 culleradeta d'aigua

2,5 ml/½ culleradeta d'oli de sèsam

Barrejar el pollastre amb les clares, la sal i la farina de blat de moro. Escalfeu la meitat de l'oli i sofregiu el pollastre fins que estigui lleugerament daurat, després retireu-lo de la paella. Escalfeu l'oli restant i sofregiu el gingebre, els bolets, les pastanagues i la ceba tendra durant 3 minuts. Torneu el pollastre a la paella amb el vi o el xerès i l'aigua i deixeu-ho coure fins que el pollastre estigui tendre. Servir ruixat amb oli de sèsam.

Pollastre al gingebre amb xampinyons i castanyes

Serveix per 4 porcions

60 ml / 4 cullerades d'oli de cacauet (cacauet)

225 g / 8 oz de ceba, tallada a rodanxes

450 g/1 lb de carn de pollastre, tallada a daus

100 g/4 oz de bolets, tallats a rodanxes

30 ml / 2 cullerades de farina normal (tot ús)

60 ml / 4 cullerades de salsa de soja

10 ml / 2 culleradetes de sucre

sal i pebre recent mòlt

900 ml / 1½ pt / 3¾ tasses d'aigua calenta

2 rodanxes d'arrel de gingebre, picades

450 g / 1 lliura de castanyes d'aigua

Escalfeu la meitat de l'oli i sofregiu les cebes durant 3 minuts, després traieu-les de la paella. Escalfeu l'oli restant i fregiu el pollastre fins que estigui lleugerament daurat.

Afegiu-hi els bolets i deixeu-ho coure 2 minuts. Espolseu la barreja amb farina i, a continuació, afegiu-hi la salsa de soja, el sucre, la sal i el pebre. Aboqueu-hi l'aigua i el gingebre, les cebes i les castanyes. Portar a ebullició, tapar i coure lentament durant 20 minuts. Traieu la tapa i continueu cuinant a foc lent fins que la salsa redueixi.

Pollastre Daurat

Serveix per 4 porcions

8 trossos petits de pollastre

300 ml / ½ pt / 1 ¼ tasses de brou de pollastre

45 ml / 3 cullerades de salsa de soja

15 ml / 1 cullerada de vi d'arròs o xerès sec

5 ml/1 culleradeta de sucre

1 arrel de gingebre a rodanxes, picada

Posar tots els ingredients en una olla gran, portar a ebullició, tapar i coure durant uns 30 minuts fins que el pollastre estigui cuit. Traieu la tapa i continueu cuinant fins que la salsa es redueixi.

Estofat de pollastre daurat marinat

Serveix per 4 porcions

4 trossos de pollastre
300 ml / ½ pt / 1 ¼ tasses de salsa de soja
oli de fregir
4 cebes tendra (cebes), tallades a rodanxes gruixudes
1 llesca d'arrel de gingebre, picada
2 pebrots vermells, tallats a rodanxes
3 grans d'anís estrellat
50 g / 2 oz de brots de bambú, tallats a rodanxes
150 ml/1½ pt/generosa ½ tassa de brou de pollastre
30 ml / 2 cullerades de farina de blat de moro (midó de blat de moro)
60 ml / 4 cullerades d'aigua
5 ml/1 culleradeta d'oli de sèsam

Talleu el pollastre a trossos grans i deixeu-ho marinar en salsa de soja durant 10 minuts. Retirar i escórrer, reservant la salsa de soja. Escalfeu l'oli i fregiu el pollastre durant uns 2 minuts fins que estigui lleugerament daurat. Retirar i escórrer. Aboqueu-hi tot menys 30 ml/2 cullerades d'oli i després afegiu-hi les cebes tendra, el gingebre, el pebre i l'anís estrellat i sofregiu-ho durant 1 minut. Torneu el pollastre a l'olla amb els brots de bambú i la salsa de soja reservada i afegiu-hi prou brou per cobrir el pollastre. Porta a ebullició i cuina uns 10 minuts fins que el pollastre estigui tendre. Traieu el pollastre de la salsa amb una cullera ranurada i poseu-lo en un plat calent. Colar la salsa i tornar-la a l'olla. Batre la farina de blat de moro i l'aigua fins que quedi una pasta, incorporar-hi la salsa i coure, remenant, fins que la salsa espesseixi.

Monedes d'or

Serveix per 4 porcions

4 filets de pit de pollastre

30 ml/2 cullerades de mel

30 ml/2 cullerades de vinagre de vi

30 ml / 2 cullerades de salsa de tomàquet (catsup)

30 ml / 2 cullerades de salsa de soja

pessic de sal

2 grans d'all, triturats

5 ml/1 culleradeta de cinc espècies en pols

45 ml / 3 cullerades de farina normal (tot ús)

2 ous, batuts

5 ml/1 culleradeta de gingebre ratllat

5 ml / 1 culleradeta de pell de llimona ratllada

100 g / 4 oz / 1 tassa de molla de pa sec

oli de fregir

Col·loqueu el pollastre en un bol. Barregeu la mel, el vinagre de vi, la salsa de tomàquet, la salsa de soja, la sal, l'all i cinc espècies en pols. Aboqueu-hi el pollastre, remeneu-ho bé, tapeu i deixeu-ho marinar a la nevera durant 12 hores.

Traieu el pollastre de la marinada i talleu-lo a tires gruixudes. Espolvorear amb farina. Bateu els ous, el gingebre i la pell de llimona. Submergeix el pollastre a la barreja i després al pa ratllat fins que estigui ben cobert. Escalfeu l'oli i fregiu el pollastre fins que estigui daurat.

Pollastre al vapor amb pernil

Serveix per 4 porcions

4 racions de pollastre

100 g / 4 oz de pernil fumat, picat

3 cebes tendra (cebolletes), picades

15 ml / 1 cullerada d'oli de cacauet

sal i pebre recent mòlt

15 ml / 1 cullerada de julivert de fulla plana

Talleu les porcions de pollastre a trossos de 5 cm/1 cm i poseu-les en un bol resistent a la calor amb el pernil i la ceba tendra. Espolseu amb oli d'oliva i rectifiqueu de sal i pebre, després barregeu els ingredients suaument. Col·loqueu el bol sobre una reixeta en una vaporera, tapeu i deixeu-ho coure en aigua bullint durant uns 40 minuts fins que el pollastre estigui tendre. Servir guarnit amb julivert.

Pollastre amb salsa Hoisin

Serveix per 4 porcions

4 trossos de pollastre, tallats per la meitat

50 g / 2 oz / ½ tassa de farina de blat de moro (midó de blat de moro)

oli de fregir

10 ml / 2 culleradetes d'arrel de gingebre ratllada

2 cebes, picades

225 g de floretes de bròquil

1 pebrot vermell, picat

225 g de xampinyons

250 ml / 8 fl oz / 1 tassa de brou de pollastre

45 ml / 3 cullerades de vi d'arròs o xerès sec

45 ml / 3 cullerades de vinagre de sidra

45 ml/3 cullerades de salsa hoisin

20 ml/4 culleradetes de salsa de soja

Dragar els trossos de pollastre a la meitat de la farina de blat de moro. Escalfeu l'oli i fregiu els trossos de pollastre, uns pocs a la vegada, durant uns 8 minuts, fins que estiguin daurats i cuits. Retirar de la paella i escórrer sobre paper de cuina. Traieu tot menys 30 ml/2 cullerades d'oli de la paella i fregiu el gingebre durant 1 minut. Afegir la ceba i sofregir durant 1 minut. Afegiu-hi el bròquil, el pebre i els xampinyons i salteu-ho durant 2 minuts. Combineu el brou amb la farina de blat de moro reservada i els ingredients restants i afegiu-lo a l'olla. Porteu a ebullició, remenant i cuini fins que la salsa es clarifiqui. Torneu el pollastre al wok i cuini, remenant, uns 3 minuts fins que s'escalfi.

pollastre a la mel

Serveix per 4 porcions

30 ml / 2 cullerades d'oli de cacauet (cacauet)

4 trossos de pollastre

30 ml / 2 cullerades de salsa de soja

120 ml / 4 fl oz / ½ tassa de vi d'arròs o xerès sec

30 ml/2 cullerades de mel

5 ml/1 culleradeta de sal

1 escalunya (escalunya), picada

1 llesca d'arrel de gingebre, ben picada

Escalfeu l'oli i fregiu el pollastre fins que estigui daurat per tots els costats. Escorreu l'excés d'oli. Barregeu la resta d'ingredients i aboqueu-los a la paella. Portar a ebullició, tapar i coure durant uns 40 minuts fins que el pollastre estigui cuit.

Pollastre Kung Pao

Serveix per 4 porcions

450 g/1 lliura de pollastre, tallat a daus

1 clara d'ou

5 ml/1 culleradeta de sal

30 ml / 2 cullerades de farina de blat de moro (midó de blat de moro)

60 ml / 4 cullerades d'oli de cacauet (cacauet)

25 g / 1 oz de pebrot vermell sec, tallat

5 ml/1 culleradeta d'all picat

15 ml / 1 cullerada de salsa de soja

15 ml/1 cullerada de vi d'arròs o xerès sec 5 ml/1 cullerada de sucre

5 ml/1 culleradeta de vinagre de vi

5 ml/1 culleradeta d'oli de sèsam

30 ml / 2 cullerades d'aigua

Poseu el pollastre en un bol amb les clares, la sal i la meitat de la farina de blat de moro i deixeu-ho marinar durant 30 minuts. Escalfeu l'oli i fregiu el pollastre fins que estigui lleugerament daurat, i després retireu-lo de la paella. Torneu a escalfar l'oli i sofregiu els pebrots i els alls durant 2 minuts. Torneu el pollastre a la paella amb la salsa de soja, el vi o xerès, el sucre, el vinagre de vi i l'oli de sèsam i sofregiu-ho durant 2 minuts. Combineu la farina de blat de moro restant amb l'aigua, remeneu-ho a la paella i deixeu-ho coure, remenant, fins que la salsa s'aclareixi i espessi.

Pollastre amb porro

Serveix per 4 porcions

30 ml / 2 cullerades d'oli de cacauet (cacauet)

5 ml/1 culleradeta de sal

225 g / 8 oz de porros, tallats a rodanxes

1 llesca d'arrel de gingebre, picada

225 g / 8 oz de pollastre, a rodanxes fines

15 ml / 1 cullerada de vi d'arròs o xerès sec

15 ml / 1 cullerada de salsa de soja

Escalfeu la meitat de l'oli i sofregiu la sal i els porros fins que estiguin lleugerament daurats, després els retireu de la paella. Escalfeu l'oli restant i fregiu el gingebre i el pollastre fins que estiguin lleugerament daurats. Afegiu-hi el vi o la salsa de xerès i soja i sofregiu-ho durant 2 minuts més fins que el pollastre estigui cuit. Torneu els porros a la paella i remeneu-los fins que s'escalfi. Servir alhora.

pollastre amb llimona

Serveix per 4 porcions

4 pits de pollastre desossats

2 ous

50 g / 2 oz / ½ tassa de farina de blat de moro (midó de blat de moro)

50 g / 2 oz / ½ tassa de farina normal (tot ús)

150 ml/¼ pt/½ tassa d'aigua generosa

oli de cacauet (cacauet) per fregir

250 ml / 8 fl oz / 1 tassa de brou de pollastre

60 ml / 5 cullerades de suc de llimona

30 ml / 2 cullerades de vi d'arròs o xerès sec

30 ml / 2 cullerades de farina de blat de moro (midó de blat de moro)

30 ml / 2 cullerades de puré de tomàquet (pasta)

1 cap d'enciam

Talleu cada pit de pollastre en 4 trossos. Bateu els ous, la farina de blat de moro i la farina de blat, afegint-hi prou aigua per fer una massa espessa. Col·loqueu els trossos de pollastre a la massa i remeneu-los fins que estiguin ben coberts. Escalfeu l'oli i fregiu el pollastre fins que estigui daurat i cuit.

Mentrestant, combineu el brou, el suc de llimona, el vi o xerès, la farina de blat de moro i el puré de tomàquet i escalfeu suaument, remenant, fins que la barreja arribi a bullir. Cuini suaument, remenant contínuament, fins que la salsa espesseixi i quedi clara. Col·loqueu el pollastre en un plat escalfat sobre un llit de fulles d'enciam i aboqueu-hi la salsa o serviu per separat.

Pollastre Fregit amb Llimona

Serveix per 4 porcions

450 g/1 lb de pollastre desossat, tallat a rodanxes

30 ml / 2 cullerades de suc de llimona

15 ml / 1 cullerada de salsa de soja

15 ml / 1 cullerada de vi d'arròs o xerès sec

30 ml / 2 cullerades de farina de blat de moro (midó de blat de moro)

30 ml / 2 cullerades d'oli de cacauet (cacauet)

2,5 ml/½ culleradeta de sal

2 grans d'all, triturats

50 g / 2 oz de castanyes d'aigua, tallades a tires

50 g / 2 oz de brots de bambú, tallats a tires

unes fulles xineses, tallades a tires

60 ml / 4 cullerades de brou de pollastre

15 ml / 1 cullerada de puré de tomàquet (pasta)

15 ml / 1 cullerada de sucre

15 ml / 1 cullerada de suc de llimona

Col·loqueu el pollastre en un bol. Barregeu el suc de llimona, la salsa de soja, el vi o el xerès i 15 ml/1 cullerada de farina de blat de moro, aboqueu-ho sobre el pollastre i deixeu-ho marinar 1 hora, girant de tant en tant.

Escalfeu l'oli, la sal i l'all fins que els alls estiguin lleugerament daurats, després afegiu-hi el pollastre i la marinada i sofregiu-ho durant uns 5 minuts fins que el pollastre estigui lleugerament daurat. Afegiu-hi les castanyes d'aigua, els brots de bambú i les fulles xineses i sofregiu durant 3 minuts més o fins que el pollastre estigui cuit. Afegiu-hi la resta d'ingredients i sofregiu-ho durant uns 3 minuts fins que la salsa quedi clara i espessa.

Fetge de pollastre amb brots de bambú

Serveix per 4 porcions

225 g / 8 oz de fetge de pollastre, tallat a rodanxes gruixudes
45 ml / 3 cullerades de vi d'arròs o xerès sec
45 ml / 3 cullerades d'oli de cacauet (cacauet)
15 ml / 1 cullerada de salsa de soja
100 g / 4 oz de brots de bambú, tallats a rodanxes
100 g / 4 oz de castanyes d'aigua, a rodanxes
60 ml / 4 cullerades de brou de pollastre
sal i pebre recent mòlt

Barrejar els fetges de pollastre amb el vi o el xerès i deixar reposar 30 minuts. Escalfeu l'oli i fregiu els fetges de pollastre fins que estiguin lleugerament daurats. Afegiu-hi la marinada, la salsa de soja, els brots de bambú, les castanyes d'aigua i el brou. Porta a ebullició i condimenta amb sal i pebre. Tapeu i deixeu coure uns 10 minuts fins que estigui tendre.

Fetge de pollastre fregit

Serveix per 4 porcions

450 g/1 lb de fetges de pollastre, tallats a la meitat
50 g / 2 oz / ½ tassa de farina de blat de moro (midó de blat de moro)
oli de fregir

Assecar els fetges de pollastre i espolvorear amb farina de blat de moro, sacsejant l'excés. Escalfeu l'oli i fregiu els fetges de pollastre durant uns minuts fins que estiguin daurats i cuits. Escórrer sobre paper de cuina abans de servir.

Fetge de pollastre amb mangetout

Serveix per 4 porcions

225 g / 8 oz de fetge de pollastre, tallat a rodanxes gruixudes

10 ml / 2 culleradetes de farina de blat de moro (midó de blat de moro)

10 ml / 2 culleradetes de vi d'arròs o xerès sec

15 ml / 1 cullerada de salsa de soja

45 ml / 3 cullerades d'oli de cacauet (cacauet)

2,5 ml/½ culleradeta de sal

2 rodanxes d'arrel de gingebre, picades

100 g / 4 oz mangeout (pèsols)

10 ml / 2 culleradetes de farina de blat de moro (midó de blat de moro)

60 ml / 4 cullerades d'aigua

Col·loqueu els fetges de pollastre en un bol. Afegiu-hi la farina de blat de moro, el vi o el xerès i la salsa de soja i barregeu-ho bé per cobrir. Escalfeu la meitat de l'oli i sofregiu la sal i el gingebre fins que es daurin lleugerament. Afegiu-hi el mangeut i fregiu-lo fins que estigui ben cobert d'oli, després retireu-lo de la paella. Escalfeu l'oli restant i fregiu els fetges de pollastre durant 5 minuts fins que estiguin cuits. Batre la farina de blat de moro i l'aigua fins que es formi una pasta, remenar a la paella i coure, remenant, fins que la salsa estigui clara i espessa. Torneu el mangetout a la paella i cuini fins que s'escalfi.

Fetge de pollastre amb creps de pasta

Serveix per 4 porcions

30 ml / 2 cullerades d'oli de cacauet (cacauet)
1 ceba, tallada a rodanxes
450 g/1 lb de fetges de pollastre, tallats a la meitat
2 tiges d'api, tallades a rodanxes
120 ml / 4 fl oz / ½ tassa de brou de pollastre
15 ml / 1 cullerada de farina de blat de moro (midó de blat de moro)
15 ml / 1 cullerada de salsa de soja
30 ml / 2 cullerades d'aigua
creps de macarrons

Escalfeu l'oli i sofregiu la ceba fins que es marceixi. Afegiu els fetges de pollastre i fregiu-los fins que estiguin daurats. Afegiu l'api i sofregiu durant 1 minut. Afegir el brou, portar a ebullició, tapar i coure durant 5 minuts. Batre la farina de blat de moro, la salsa de soja i l'aigua fins que es formi una pasta, remenar a la paella i coure, remenant, fins que la salsa estigui clara i espessa. Aboqueu la barreja sobre la creps de macarrons i serviu.

Fetge de pollastre amb salsa d'ostres

Serveix per 4 porcions

45 ml / 3 cullerades d'oli de cacauet (cacauet)

1 ceba picada

225 g / 8 oz de fetges de pollastre, a la meitat

100 g/4 oz de bolets, tallats a rodanxes

30 ml / 2 cullerades de salsa d'ostres

15 ml / 1 cullerada de salsa de soja

15 ml / 1 cullerada de vi d'arròs o xerès sec

120 ml / 4 fl oz / ½ tassa de brou de pollastre

5 ml/1 culleradeta de sucre

15 ml / 1 cullerada de farina de blat de moro (midó de blat de moro)

45 ml / 3 cullerades d'aigua

Escalfeu la meitat de l'oli i sofregiu la ceba fins que estigui daurada. Afegiu els fetges de pollastre i fregiu-los fins que estiguin daurats. Afegiu-hi els bolets i sofregiu-los durant 2 minuts. Combineu la salsa d'ostres, la salsa de soja, el vi o xerès, el brou i el sucre, aboqueu-ho a la cassola i deixeu-ho bullir, remenant. Bateu la farina de blat de moro i l'aigua fins que quedi una pasta, afegiu-la a la paella i deixeu-ho coure, remenant, fins que la salsa quedi clara i espessa i els fetges estiguin tendres.

Fetge de pollastre amb pinya

Serveix per 4 porcions

225 g / 8 oz de fetges de pollastre, a la meitat

45 ml / 3 cullerades d'oli de cacauet (cacauet)

30 ml / 2 cullerades de salsa de soja

15 ml / 1 cullerada de farina de blat de moro (midó de blat de moro)

15 ml / 1 cullerada de sucre

15 ml / 1 cullerada de vinagre de vi

sal i pebre recent mòlt

100 g / 4 oz de trossos de pinya

60 ml / 4 cullerades de brou de pollastre

Escalfeu els fetges de pollastre en aigua bullint durant 30 segons i escorreu-los. Escalfeu l'oli i fregiu els fetges de pollastre durant 30 segons. Barregeu la salsa de soja, la farina de blat de moro, el sucre, el vinagre de vi, la sal i el pebre, aboqueu-ho a la paella i remeneu bé per arrebossar els fetges de pollastre. Afegiu-hi els trossos de pinya i el brou i sofregiu-los uns 3 minuts fins que els fetges estiguin ben cuits.

Fetge de pollastre agredolç

Serveix per 4 porcions

30 ml / 2 cullerades d'oli de cacauet (cacauet)

450 g/1 lb de fetge de pollastre, tallat a quarts

2 pebrots verds, tallats a trossos

4 rodanxes de pinya en conserva, tallades a trossos

60 ml / 4 cullerades de brou de pollastre

30 ml / 2 cullerades de farina de blat de moro (midó de blat de moro)

10 ml/2 culleradetes de salsa de soja

100 g / 4 oz / ½ tassa de sucre

120 ml / 4 fl oz / ½ tassa de vinagre de vi
120 ml / 4 fl oz / ½ tassa d'aigua

Escalfeu l'oli i fregiu els fetges fins que estiguin lleugerament daurats, i després transferiu-los a una safata calenta. Afegiu els pebrots a la paella i fregiu-los durant 3 minuts. Afegir la pinya i el brou, portar a ebullició, tapar i coure durant 15 minuts. Batre els ingredients restants per formar una pasta, remenar a la paella i coure, remenant, fins que la salsa espesseixi. Aboqueu sobre els fetges de pollastre i serviu.

Pollastre amb Litxis

Serveix per 4 porcions

3 pits de pollastre
60 ml / 4 cullerades de farina de blat de moro (midó de blat de moro)
45 ml / 3 cullerades d'oli de cacauet (cacauet)
5 cebes tendra (cebolletes), tallades a rodanxes
1 pebrot vermell, tallat a trossos
120 ml / 4 fl oz / ½ tassa de salsa de tomàquet
120 ml / 4 fl oz / ½ tassa de brou de pollastre

5 ml/1 culleradeta de sucre

275 g/10 oz de litxis pelats

Talleu els pits de pollastre per la meitat i traieu-los i llenceu-los els ossos i la pell. Talleu cada pit en 6. Reserveu 5 ml/1 culleradeta de farina de blat de moro i tireu el pollastre a la resta fins que estigui ben cobert. Escalfeu l'oli i fregiu el pollastre durant uns 8 minuts fins que estigui daurat. Afegiu-hi el cibulet i el pebre i salteu-ho durant 1 minut. Combina la salsa de tomàquet, la meitat del brou i el sucre i remenem al wok amb els litxis. Portar a ebullició, tapar i coure durant uns 10 minuts fins que el pollastre estigui cuit. Incorporeu-hi la farina de blat de moro reservada i el brou, després remeneu-ho a la paella. Cuini, remenant, fins que la salsa es clarifiqui i espesseixi.

Pollastre amb salsa de litxi

Serveix per 4 porcions

225 g/8 oz de pollastre

1 ceba tendra (cebes vermelles)

4 castanyes d'aigua

30 ml / 2 cullerades de farina de blat de moro (midó de blat de moro)

45 ml / 3 cullerades de salsa de soja

30 ml / 2 cullerades de vi d'arròs o xerès sec

2 clares d'ou
oli de fregir
400 g / 14 oz de litxis en conserva en almívar
5 cullerades de brou de pollastre

Picar (aixafar) el pollastre amb el cibulet i les castanyes d'aigua. Incorporeu-hi la meitat de la farina de blat de moro, 30 ml/2 cullerades de salsa de soja, el vi o xerès i les clares d'ou. Doneu forma a la barreja en boles de la mida d'una nou. Escalfeu l'oli i fregiu el pollastre fins que estigui daurat. Escórrer sobre paper de cuina.

Mentrestant, escalfeu suaument el xarop de litxi amb el brou i la salsa de soja reservada. Barrejar la farina de blat de moro restant amb una mica d'aigua, remenar a la paella i coure, remenant, fins que la salsa s'aclareixi i espesseixi. Afegiu-hi els litxis i deixeu-ho bullir suaument per escalfar. Col·loqueu el pollastre en un plat escalfat, aboqueu-hi els litxis i la salsa, i després serviu-lo.

Pollastre amb Mangetout

Serveix per 4 porcions
225 g / 8 oz de pollastre, a rodanxes fines
5 ml / 1 culleradeta de farina de blat de moro (midó de blat de moro)

5 ml/1 culleradeta de vi d'arròs o xerès sec

5 ml/1 culleradeta d'oli de sèsam

1 clara d'ou, lleugerament batuda

45 ml / 3 cullerades d'oli de cacauet (cacauet)

1 gra d'all, triturat

1 llesca d'arrel de gingebre, picada

100 g / 4 oz mangeout (pèsols)

120 ml / 4 fl oz / ½ tassa de brou de pollastre

sal i pebre recent mòlt

Barregeu el pollastre amb la farina de blat de moro, vi o xerès, oli de sèsam i clara d'ou. Escalfeu la meitat de l'oli d'oliva i sofregiu l'all i el gingebre fins que estiguin lleugerament daurats. Afegiu el pollastre i sofregiu fins que estigui daurat i retireu-lo de la paella. Escalfeu l'oli restant i fregiu el mangeut durant 2 minuts. Afegir el brou, portar a ebullició, tapar i coure durant 2 minuts. Torneu el pollastre a la paella i amaniu-ho amb sal i pebre. Cuini suaument fins que s'escalfi.

Pollastre amb mango

Serveix per 4 porcions

100 g / 4 oz / 1 tassa de farina normal (tot ús)

250 ml / 8 fl oz / 1 tassa d'aigua

2,5 ml/½ culleradeta de sal

una mica de llevat en pols
3 pits de pollastre
oli de fregir
1 llesca d'arrel de gingebre, picada
150 ml/¼ pt/generosa ½ tassa de brou de pollastre
45 ml/3 cullerades de vinagre de vi
45 ml / 3 cullerades de vi d'arròs o xerès sec
20 ml/4 culleradetes de salsa de soja
10 ml / 2 culleradetes de sucre
10 ml / 2 culleradetes de farina de blat de moro (midó de blat de moro)
5 ml/1 culleradeta d'oli de sèsam
5 cebes tendra (cebolletes), tallades a rodanxes
400 g / 11 oz de mangos en conserva, escorreguts i tallats a tires

Barrejar la farina, l'aigua, la sal i el llevat. Deixeu-ho reposar 15 minuts. Traieu i llenceu la pell i els ossos del pollastre. Talleu el pollastre a tires fines. Barregeu-los amb la barreja de farina. Escalfeu l'oli i fregiu el pollastre durant uns 5 minuts fins que estigui daurat. Retirar de la paella i escórrer sobre paper de cuina. Traieu tot menys 15 ml/1 cullerada d'oli del wok i fregiu el gingebre fins que estigui lleugerament daurat. Barregeu el brou amb el vi, el vinagre de vi o xerès, la salsa de soja, el sucre, la farina de blat de moro i l'oli de sèsam. Afegir a la cassola i portar a ebullició, remenant. Afegiu-hi el cibulet i salteu-ho durant 3 minuts. Afegiu el pollastre i els mangos i deixeu-ho coure, remenant, durant 2 minuts.

Meló farcit de pollastre

Serveix per 4 porcions

350 g/12 oz de carn de pollastre

6 castanyes d'aigua

2 vieires pelades

4 llesques d'arrel de gingebre

5 ml/1 culleradeta de sal

15 ml / 1 cullerada de salsa de soja

600 ml / 1 pt / 2½ tasses de brou de pollastre

8 melons de cantaloupe petits o 4 mitjans

Piqueu el pollastre, les castanyes, les vieires i el gingebre finament i tireu-ho amb la sal, la salsa de soja i el brou. Talleu la part superior dels melons i traieu-ne les llavors. S'adapta a les vores superiors. Ompliu els melons amb la barreja de pollastre i poseu-los a la graella al vapor. Cuini al vapor en aigua bullint durant 40 minuts fins que el pollastre estigui cuit.

Pollastre Brasat i Xampinyons

Serveix per 4 porcions

45 ml / 3 cullerades d'oli de cacauet (cacauet)

1 gra d'all, triturat

1 escalunya (escalunya), picada

1 llesca d'arrel de gingebre, picada

225 g / 8 oz de pit de pollastre, tallat a rodanxes

225 g de xampinyons

45 ml / 3 cullerades de salsa de soja

15 ml / 1 cullerada de vi d'arròs o xerès sec

5 ml / 1 culleradeta de farina de blat de moro (midó de blat de moro)

Escalfeu l'oli i sofregiu els alls, les escalunyes i el gingebre fins que estiguin lleugerament daurats. Afegiu el pollastre i salteu-ho durant 5 minuts. Afegiu-hi els xampinyons i salteu-ho durant 3 minuts. Afegiu la salsa de soja, el vi o el xerès i la farina de blat de moro i sofregiu-ho durant uns 5 minuts fins que el pollastre estigui cuit.

Pollastre amb bolets i cacauets

Serveix per 4 porcions

30 ml / 2 cullerades d'oli de cacauet (cacauet)

2 grans d'all, triturats

1 llesca d'arrel de gingebre, picada

450 g/1 lb de pollastre desossat, tallat a daus

225 g de xampinyons

100 g / 4 oz de brots de bambú, tallats a tires

1 pebrot verd, tallat a daus

1 pebrot vermell, tallat a daus

250 ml / 8 fl oz / 1 tassa de brou de pollastre

30 ml / 2 cullerades de vi d'arròs o xerès sec

15 ml / 1 cullerada de salsa de soja

15 ml / 1 cullerada de salsa tabasco

30 ml / 2 cullerades de farina de blat de moro (midó de blat de moro)

30 ml / 2 cullerades d'aigua

Escalfeu l'oli, l'all i el gingebre fins que l'all estigui lleugerament daurat. Afegiu el pollastre i salteu-ho fins que estigui lleugerament daurat. Afegiu-hi els bolets, els brots de bambú i els pebrots i sofregiu-los durant 3 minuts. Afegiu-hi el brou, el vi o xerès, la salsa de soja i la salsa tabasco i deixeu-ho bullir, remenant. Tapeu i deixeu coure uns 10 minuts fins que el pollastre estigui cuit. Barregeu la farina de blat de moro i l'aigua i remeneu-los a la salsa. Cuini, remenant, fins que la salsa quedi lleugera i espessa, afegint-hi una mica més de brou o aigua si la salsa és massa espessa.

Pollastre rostit amb bolets

Serveix per 4 porcions

6 bolets secs xinesos

1 pit de pollastre, tallat a rodanxes fines

1 llesca d'arrel de gingebre, picada

2 cebes tendra (cebolletes), picades

15 ml / 1 cullerada de farina de blat de moro (midó de blat de moro)

15 ml / 1 cullerada de vi d'arròs o xerès sec

30 ml / 2 cullerades d'aigua

2,5 ml/½ culleradeta de sal

45 ml / 3 cullerades d'oli de cacauet (cacauet)

225 g / 8 oz de bolets, a rodanxes

100 g / 4 oz de brots de soja

15 ml / 1 cullerada de salsa de soja

5 ml/1 culleradeta de sucre

120 ml / 4 fl oz / ½ tassa de brou de pollastre

Remullar els bolets en aigua tèbia durant 30 minuts i escórrer. Descartar les tiges i tallar-ne la part superior. Col·loqueu el pollastre en un bol. Barregeu el gingebre, les cebolletes, la farina de blat de moro, el vi o el xerès, l'aigua i la sal, barregeu-ho amb el pollastre i deixeu-ho reposar 1 hora. Escalfeu la meitat de l'oli i sofregiu el pollastre fins que estigui lleugerament daurat, després retireu-lo de la paella. Escalfeu l'oli restant i salteu els bolets secs i frescos i els brots de soja durant 3 minuts. Afegiu-hi la salsa de soja, el sucre i el brou, deixeu-ho bullir, tapeu i deixeu-ho coure durant 4 minuts fins que les verdures estiguin tendres. Torneu el pollastre a la paella, remeneu-ho bé i escalfeu-lo suaument abans de servir.

Pollastre al vapor amb bolets

Serveix per 4 porcions

4 trossos de pollastre

30 ml / 2 cullerades de farina de blat de moro (midó de blat de moro)

30 ml / 2 cullerades de salsa de soja

3 cebes tendra (cebolletes), picades

2 rodanxes d'arrel de gingebre, picades

2,5 ml/½ culleradeta de sal

100 g/4 oz de bolets, tallats a rodanxes

Talleu els trossos de pollastre a trossos de 5 cm/2 cm i poseu-los en un bol resistent a la calor. Barregeu la farina de blat de moro i la salsa de soja fins que quedi una pasta, afegiu-hi la ceba tendra, el gingebre i la sal i barregeu-ho bé amb el pollastre. Barrejar suaument els bolets. Col·loqueu el bol sobre una reixeta en una vaporera, tapeu i deixeu-ho coure en aigua bullint durant uns 35 minuts fins que el pollastre estigui tendre.

Pollastre amb ceba

Serveix per 4 porcions

60 ml / 4 cullerades d'oli de cacauet (cacauet)
2 cebes, picades
450 g/1 lliura de pollastre, tallat a rodanxes
30 ml / 2 cullerades de vi d'arròs o xerès sec
250 ml / 8 fl oz / 1 tassa de brou de pollastre
45 ml / 3 cullerades de salsa de soja
30 ml / 2 cullerades de farina de blat de moro (midó de blat de moro)
45 ml / 3 cullerades d'aigua

Escalfeu l'oli i sofregiu la ceba fins que estigui lleugerament daurada. Afegiu el pollastre i fregiu-lo fins que estigui lleugerament daurat. Afegiu-hi el vi o xerès, el brou i la salsa de soja, porteu-ho a ebullició, tapeu i deixeu-ho coure durant 25 minuts fins que el pollastre estigui tendre. Batre la farina de blat de moro i l'aigua fins que es formi una pasta, remenar a la paella i coure, remenant, fins que la salsa estigui clara i espessa.

Pollastre amb taronja i llimona

Serveix per 4 porcions

350 g/1 lb de carn de pollastre, tallada a tires

30 ml / 2 cullerades d'oli de cacauet (cacauet)

2 grans d'all, triturats

2 rodanxes d'arrel de gingebre, picades

pela ratllada de ½ taronja

pell ratllada de ½ llimona

45 ml / 3 cullerades de suc de taronja

45 ml / 3 cullerades de suc de llimona

15 ml / 1 cullerada de salsa de soja

3 cebes tendra (cebolletes), picades

15 ml / 1 cullerada de farina de blat de moro (midó de blat de moro)

45 ml / 1 cullerada d'aigua

Escalfeu el pollastre en aigua bullint durant 30 segons i escorreu-lo. Escalfeu l'oli i sofregiu l'all i el gingebre durant 30 segons. Afegiu-hi la pell i el suc de taronja i llimona, la salsa de soja i la ceba tendra i sofregiu-ho durant 2 minuts. Afegiu el pollastre i deixeu-ho coure uns minuts fins que el pollastre estigui tendre. Batre la farina de blat de moro i l'aigua fins que es formi una pasta, remenar a la paella i coure, remenant, fins que la salsa espesseixi.

Pollastre amb salsa d'ostres

Serveix per 4 porcions

30 ml / 2 cullerades d'oli de cacauet (cacauet)
1 gra d'all, triturat
1 llesca de gingebre, ben picada
450 g/1 lliura de pollastre, tallat a rodanxes
250 ml / 8 fl oz / 1 tassa de brou de pollastre
30 ml / 2 cullerades de salsa d'ostres
15 ml / 1 cullerada de vi d'arròs o xerès
5 ml/1 culleradeta de sucre

Escalfeu l'oli d'oliva amb l'all i el gingebre i sofregiu fins que estigui lleugerament daurat. Afegiu el pollastre i sofregiu-ho durant uns 3 minuts fins que estigui lleugerament daurat. Afegiu-hi el brou, la salsa d'ostres, el vi o xerès i el sucre, porteu-ho a ebullició, remenant, després tapeu i deixeu-ho coure durant uns 15 minuts, remenant de tant en tant, fins que el pollastre estigui cuit. Traieu la tapa i continueu cuinant, remenant, durant uns 4 minuts, fins que la salsa s'hagi reduït i espessit.

porcions de pollastre

Serveix per 4 porcions

225 g/8 oz de pollastre

30 ml / 2 cullerades de vi d'arròs o xerès sec

30 ml / 2 cullerades de salsa de soja

paper pergamí o paper pergamí

30 ml / 2 cullerades d'oli de cacauet (cacauet)

oli de fregir

Talleu el pollastre a daus de 5 cm/2. Combineu el vi o el xerès i la salsa de soja, aboqueu-hi el pollastre i remeneu-ho bé. Tapa i deixa reposar 1 hora, remenant de tant en tant. Talleu el paper en quadrats de 10 cm/4 i unteu-ho amb oli. Escorreu bé el pollastre. Col·loqueu un tros de paper a la superfície de treball amb una cantonada apuntant cap a vosaltres. Col·loqueu un tros de pollastre al quadrat just a sota del centre, doblegueu-lo a la cantonada inferior i torneu-lo a plegar per tancar el pollastre. Doblegueu els costats i després doblegueu la cantonada superior per assegurar el paquet. Escalfeu l'oli i fregiu els trossos de pollastre durant uns 5 minuts fins que estiguin cuits. Serviu calent en embolcalls perquè els convidats s'obrin.

pollastre de cacauet

Serveix per 4 porcions

225 g / 8 oz de pollastre, a rodanxes fines

1 clara d'ou, lleugerament batuda

10 ml / 2 culleradetes de farina de blat de moro (midó de blat de moro)

45 ml / 3 cullerades d'oli de cacauet (cacauet)

1 gra d'all, triturat

1 llesca d'arrel de gingebre, picada

2 porros, picats

30 ml / 2 cullerades de salsa de soja

15 ml / 1 cullerada de vi d'arròs o xerès sec

100 g/4 oz de cacauets torrats

Remeneu el pollastre amb les clares i la farina de blat de moro fins que estigui ben cobert. Escalfeu la meitat de l'oli i sofregiu el pollastre fins que estigui daurat i retireu-lo de la paella. Escalfeu l'oli restant i sofregiu l'all i el gingebre fins que estiguin suaus. Afegiu-hi els porros i fregiu-los fins que estiguin lleugerament daurats. Incorporeu-hi la salsa de soja i el vi o el xerès i deixeu-ho coure durant 3 minuts. Torneu el pollastre a la paella amb els cacauets i cuini lentament fins que s'escalfi.

Pollastre amb mantega de cacauet

Serveix per 4 porcions

4 pits de pollastre, a daus

sal i pebre recent mòlt

5 ml/1 culleradeta de cinc espècies en pols

45 ml / 3 cullerades d'oli de cacauet (cacauet)

1 ceba, tallada a daus

2 pastanagues, a daus

1 tija d'api, tallada a daus

300 ml / ½ pt / 1 ¼ tasses de brou de pollastre

10 ml / 2 culleradetes de puré de tomàquet (pasta)

100 g / 4 oz de mantega de cacauet

15 ml / 1 cullerada de salsa de soja

10 ml / 2 culleradetes de farina de blat de moro (midó de blat de moro)

una mica de sucre moreno

15 ml / 1 cullerada de cibulet picat

Condimenteu el pollastre amb sal, pebre i pols de cinc espècies. Escalfeu l'oli i fregiu el pollastre fins que estigui tendre. Retirar de la paella. Afegiu-hi les verdures i fregiu-les fins que estiguin toves però encara cruixents. Barrejar el brou amb la resta d'ingredients, excepte el cibulet, remenar a la cassola i portar a ebullició. Torneu el pollastre a la paella i torneu a escalfar, remenant. Servir espolvorat amb sucre.

Pollastre amb pèsols

Serveix per 4 porcions

60 ml / 4 cullerades d'oli de cacauet (cacauet)

1 ceba picada

450 g/1 lliura de pollastre, tallat a daus

sal i pebre recent mòlt

100 g de pèsols

2 tiges d'api, picades

100 g/4 oz de bolets, picats

250 ml / 8 fl oz / 1 tassa de brou de pollastre

15 ml / 1 cullerada de farina de blat de moro (midó de blat de moro)

15 ml / 1 cullerada de salsa de soja

60 ml / 4 cullerades d'aigua

Escalfeu l'oli i sofregiu la ceba fins que estigui lleugerament daurada. Afegiu el pollastre i fregiu fins que estigui daurat. Rectifiqueu de sal i pebre i afegiu-hi els pèsols, l'api i els bolets i remeneu-ho bé. Afegir el brou, portar a ebullició, tapar i coure durant 15 minuts. Batre la farina de blat de moro, la salsa de soja i l'aigua fins que es formi una pasta, remenar a la paella i coure, remenant, fins que la salsa estigui clara i espessa.

Pollastre de Pequín

Serveix per 4 porcions

4 racions de pollastre
sal i pebre recent mòlt
5 ml/1 culleradeta de sucre
1 escalunya (escalunya), picada
1 llesca d'arrel de gingebre, picada
15 ml / 1 cullerada de salsa de soja
15 ml / 1 cullerada de vi d'arròs o xerès sec
15 ml / 1 cullerada de farina de blat de moro (midó de blat de moro)
oli de fregir

Col·loqueu les porcions de pollastre en un bol poc profund i espolseu-ho amb sal i pebre. Combineu el sucre, el cibulet, el gingebre, la salsa de soja i el vi o xerès, fregueu el pollastre, tapeu i deixeu marinar durant 3 hores. Escorreu el pollastre i empolvoreu-lo amb farina de blat de moro. Escalfeu l'oli i fregiu el pollastre fins que estigui daurat i cuit. Escorreu bé abans de servir.

Pollastre al Pebre

Serveix per 4 porcions

60 ml / 4 cullerades de salsa de soja

45 ml / 3 cullerades de vi d'arròs o xerès sec

45 ml / 3 cullerades de farina de blat de moro (midó de blat de moro)

450 g/1lb de pollastre, picat (mòlt)

60 ml / 4 cullerades d'oli de cacauet (cacauet)

2,5 ml/½ culleradeta de sal

2 grans d'all, triturats

2 pebrots vermells, tallats a daus

1 pebrot verd, tallat a daus

5 ml/1 culleradeta de sucre

300 ml / ½ pt / 1 ¼ tasses de brou de pollastre

Incorporeu-hi la meitat de la salsa de soja, la meitat del vi o el xerès i la meitat de la farina de blat de moro. Aboqueu-hi el pollastre, remeneu-ho bé i deixeu-ho marinar durant almenys 1 hora. Escalfeu la meitat de l'oli d'oliva amb la sal i els alls fins que els alls estiguin lleugerament daurats. Afegiu el pollastre i la marinada i sofregiu-ho durant uns 4 minuts fins que el pollastre es torni blanc i retireu-lo de la paella. Afegiu l'oli restant a la paella i sofregiu els pebrots durant 2 minuts. Afegiu el sucre a la cassola amb la salsa de soja restant, el vi o el xerès i la farina de blat de moro i barregeu-ho bé. Afegir el brou, portar a ebullició i coure, remenant, fins que la salsa espesseixi. Torneu el pollastre a la paella, tapeu-lo i deixeu-ho coure durant 4 minuts fins que el pollastre estigui cuit.

Pollastre rostit amb pebre

Serveix per 4 porcions

1 pit de pollastre, tallat a rodanxes fines

2 rodanxes d'arrel de gingebre, picades

2 cebes tendra (cebolletes), picades

15 ml / 1 cullerada de farina de blat de moro (midó de blat de moro)

30 ml / 2 cullerades de vi d'arròs o xerès sec

30 ml / 2 cullerades d'aigua

2,5 ml/½ culleradeta de sal

45 ml / 3 cullerades d'oli de cacauet (cacauet)

100 g / 4 oz de castanyes d'aigua, a rodanxes
1 pebrot vermell, tallat a tires
1 pebrot verd, tallat a tires
1 pebrot groc, tallat a tires
30 ml / 2 cullerades de salsa de soja
120 ml / 4 fl oz / ½ tassa de brou de pollastre

Col·loqueu el pollastre en un bol. Barregeu el gingebre, les cebolletes, la farina de blat de moro, el vi o el xerès, l'aigua i la sal, barregeu-ho amb el pollastre i deixeu-ho reposar 1 hora. Escalfeu la meitat de l'oli i sofregiu el pollastre fins que estigui lleugerament daurat, després retireu-lo de la paella. Escalfeu l'oli restant i sofregiu les castanyes d'aigua i els pebrots durant 2 minuts. Afegiu-hi la salsa de soja i el brou, deixeu-ho bullir, tapeu i deixeu-ho coure durant 5 minuts fins que les verdures estiguin tendres. Torneu el pollastre a la paella, remeneu-ho bé i escalfeu-lo suaument abans de servir.

pollastre i pinya

Serveix per 4 porcions

30 ml / 2 cullerades d'oli de cacauet (cacauet)

5 ml/1 culleradeta de sal

2 grans d'all, triturats

450 g/1 lb de pollastre desossat, tallat a rodanxes fines

2 cebes, tallades a rodanxes

100 g / 4 oz de castanyes d'aigua, a rodanxes

100 g / 4 oz de trossos de pinya

30 ml / 2 cullerades de vi d'arròs o xerès sec

450 ml / ¾ pt / 2 tasses de brou de pollastre

5 ml/1 cullerideta de sucre

pebre recent mòlt

30 ml / 2 cullerades de suc de pinya

30 ml / 2 cullerades de salsa de soja

30 ml / 2 cullerades de farina de blat de moro (midó de blat de moro)

Escalfeu l'oli, la sal i l'all fins que els alls estiguin lleugerament daurats. Afegiu el pollastre i salteu-ho durant 2 minuts. Afegiu-hi la ceba, les castanyes d'aigua i la pinya i sofregiu-ho durant 2 minuts. Afegiu-hi el vi o xerès, el brou i el sucre i amaniu-ho amb pebre. Portar a ebullició, tapar i coure durant 5 minuts. Incorporeu el suc de pinya, la salsa de soja i la farina de blat de moro. Incorporeu-ho a la paella i deixeu-ho coure, remenant, fins que la salsa espesseixi i s'aclareixi.

Pollastre amb pinya i litxis

Serveix per 4 porcions

30 ml / 2 cullerades d'oli de cacauet (cacauet)

225 g / 8 oz de pollastre, a rodanxes fines

1 llesca d'arrel de gingebre, picada

15 ml / 1 cullerada de salsa de soja

15 ml / 1 cullerada de vi d'arròs o xerès sec

200 g / 7 oz de trossos de pinya en conserva
200 g / 7 oz de litxis en conserva en almívar
15 ml / 1 cullerada de farina de blat de moro (midó de blat de moro)

Escalfeu l'oli i fregiu el pollastre fins que estigui lleugerament daurat. Afegiu la salsa de soja i el vi o el xerès i remeneu-ho bé. Mesureu 8 fl oz / 250 ml / 1 tassa de barreja de pinya i litxi i reserveu-ne 30 ml / 2 cullerades. Afegiu la resta a la cassola, deixeu-ho bullir i deixeu-ho coure uns minuts fins que el pollastre estigui tendre. Afegiu-hi els trossos de pinya i els litxis. Barregeu la farina de blat de moro amb l'almívar reservat, remeneu-ho a la paella i deixeu-ho coure, remenant, fins que la salsa s'aclareixi i espesseixi.

pollastre amb porc

Serveix per 4 porcions

1 pit de pollastre, tallat a rodanxes fines
100 g / 4 oz de carn de porc magra, a rodanxes fines
60 ml / 4 cullerades de salsa de soja
15 ml / 1 cullerada de farina de blat de moro (midó de blat de moro)
1 clara d'ou
45 ml / 3 cullerades d'oli de cacauet (cacauet)

3 rodanxes d'arrel de gingebre, picades

50 g / 2 oz de brots de bambú, tallats a rodanxes

225 g / 8 oz de bolets, a rodanxes

225 g / 8 oz de fulles xineses, picades

120 ml / 4 fl oz / ½ tassa de brou de pollastre

30 ml / 2 cullerades d'aigua

Barrejar el pollastre i la carn de porc. Combina la salsa de soja, 5 ml/1 culleradeta de farina de blat de moro i la clara d'ou i barreja-ho amb el pollastre i la carn de porc. Deixeu-ho reposar 30 minuts. Escalfeu la meitat de l'oli i sofregiu el pollastre i la carn de porc fins que estiguin lleugerament daurats, després retireu-los de la paella. Escalfeu l'oli restant i fregiu el gingebre, els brots de bambú, els bolets i les fulles xineses fins que estiguin ben coberts d'oli. Afegir el brou i portar a ebullició. Torneu la barreja de pollastre a la paella, tapeu-la i deixeu-ho coure durant uns 3 minuts fins que les carns estiguin tendres. Barrejar la farina de blat de moro restant en una pasta amb l'aigua, barrejar amb la salsa i coure, remenant, fins que la salsa espesseixi. Servir alhora.

Pollastre rostit amb patates

Serveix per 4 porcions

4 trossos de pollastre

45 ml / 3 cullerades d'oli de cacauet (cacauet)

1 ceba, tallada a rodanxes
1 gra d'all, triturat
2 rodanxes d'arrel de gingebre, picades
450 ml / ¾ pt / 2 tasses d'aigua
45 ml / 3 cullerades de salsa de soja
15 ml / 1 cullerada de sucre moreno
2 patates, a daus

Talleu el pollastre a trossos de 5 cm/2 cm. Escalfeu l'oli i sofregiu la ceba, l'all i el gingebre fins que estiguin lleugerament daurats. Afegiu el pollastre i fregiu-lo fins que estigui lleugerament daurat. Afegiu aigua i salsa de soja i deixeu-ho bullir. Afegir el sucre, tapar i coure uns 30 minuts. Afegiu les patates a la paella, tapeu i deixeu coure durant 10 minuts més fins que el pollastre estigui tendre i les patates estiguin cuites.

Pollastre amb cinc espècies amb patates

Serveix per 4 porcions
45 ml / 3 cullerades d'oli de cacauet (cacauet)
450 g/1 lb de pollastre, tallat a trossos
sal
45 ml / 3 cullerades de pasta de mongetes grogues
45 ml / 3 cullerades de salsa de soja
5 ml/1 culleradeta de sucre

5 ml/1 culleradeta de cinc espècies en pols
1 patata, a daus
450 ml / ¾ pt / 2 tasses de brou de pollastre

Escalfeu l'oli i fregiu el pollastre fins que estigui lleugerament daurat. Espolvoreu-ho amb sal, afegiu-hi la pasta de mongetes, la salsa de soja, el sucre i la pols de cinc espècies i sofregiu-ho durant 1 minut. Afegiu-hi la patata i remeneu-ho bé, després afegiu-hi el brou, deixeu-ho bullir, tapeu i deixeu-ho coure uns 30 minuts fins que estigui tendre.

Pollastre Bullit Vermell

Serveix per 4 porcions

450 g/1 lliura de pollastre, tallat a rodanxes
120 ml / 4 fl oz / ½ tassa de salsa de soja
15 ml / 1 cullerada de sucre
2 rodanxes d'arrel de gingebre, ben picades
90 ml / 6 cullerades de brou de pollastre
30 ml / 2 cullerades de vi d'arròs o xerès sec

4 cebes tendra (cebolletes), tallades a rodanxes

Posar tots els ingredients en una cassola i portar a ebullició. Tapeu i deixeu coure durant uns 15 minuts fins que el pollastre estigui cuit. Traieu la tapa i continueu cuinant a foc lent durant uns 5 minuts, remenant de tant en tant, fins que la salsa espesseixi. Serviu esquitxat amb cibulet.

panets de pollastre

Serveix per 4 porcions

225 g / 8 oz de carn de pollastre, picada (molida)

3 castanyes d'aigua, picades

1 escalunya (escalunya), picada

1 llesca d'arrel de gingebre, picada

2 clares d'ou

5 ml / 2 culleradetes de sal

5 ml/1 culleradeta de pebre recent mòlt

120 ml / 4 fl oz / ½ tassa d'oli de cacauet (cacauet)
5 ml/1 culleradeta de pernil picat

Barregeu el pollastre, les castanyes, la meitat de les escalunyes, el gingebre, les clares, la sal i el pebre. Formeu boles petites i premeu-les bé. Escalfeu l'oli i fregiu les patates fins que estiguin daurades, girant-les una vegada. Servir espolvoreat amb la resta de cibulet i pernil.

Pollastre Salat

Serveix per 4 porcions

30 ml / 2 cullerades d'oli de cacauet (cacauet)
4 trossos de pollastre
3 cebes tendra (cebolletes), picades
2 grans d'all, triturats
1 llesca d'arrel de gingebre, picada
120 ml / 4 fl oz / ½ tassa de salsa de soja
30 ml / 2 cullerades de vi d'arròs o xerès sec
30 ml / 2 cullerades de sucre moreno

5 ml/1 culleradeta de sal

375 ml / 13 fl oz / 1½ tasses d'aigua

15 ml / 1 cullerada de farina de blat de moro (midó de blat de moro)

Escalfeu l'oli i fregiu els trossos de pollastre fins que estiguin daurats. Afegiu-hi les escalunyes, l'all i el gingebre i sofregiu-ho durant 2 minuts. Afegiu-hi la salsa de soja, el vi o xerès, el sucre i la sal i remeneu-ho bé. Afegir aigua i portar a ebullició, tapar i coure durant 40 minuts. Barregeu la farina de blat de moro amb una mica d'aigua, incorporeu-hi la salsa i deixeu-ho coure, remenant, fins que la salsa s'aclareixi i espessi.

Pollastre en oli de sèsam

Serveix per 4 porcions

90 ml / 6 cullerades d'oli de cacauet

60 ml/4 cullerades d'oli de sèsam

5 llesques d'arrel de gingebre

4 trossos de pollastre

600 ml / 1 pt / 2½ tasses de vi d'arròs o xerès sec

5 ml/1 culleradeta de sucre

sal i pebre recent mòlt

Escalfeu els olis i fregiu el gingebre i el pollastre fins que estiguin lleugerament daurats. Afegiu-hi el vi o el xerès i amaniu-ho amb sucre, sal i pebre. Porta a ebullició i cuina lentament, sense tapar, fins que el pollastre estigui tendre i la salsa s'hagi reduït. Servir en bols.

Pollastre de Jerez

Serveix per 4 porcions

30 ml / 2 cullerades d'oli de cacauet (cacauet)

4 trossos de pollastre

120 ml / 4 fl oz / ½ tassa de salsa de soja

500 ml / 17 fl oz / 2 ¼ tasses de vi d'arròs o xerès sec

30 ml / 2 cullerades de sucre

5 ml/1 culleradeta de sal

2 grans d'all, triturats

1 llesca d'arrel de gingebre, picada

Escalfeu l'oli i fregiu el pollastre fins que estigui daurat per tots els costats. Escorreu l'excés d'oli i afegiu-hi tots els ingredients restants. Portar a ebullició, tapar i coure a foc fort durant 25 minuts. Reduïu el foc i deixeu-ho coure 15 minuts més fins que el pollastre estigui cuit i la salsa s'hagi reduït.

Pollastre amb salsa de soja

Serveix per 4 porcions

350 g / 12 oz de pollastre, tallat a daus

2 cebes tendra (cebolletes), picades

3 rodanxes d'arrel de gingebre, picades

15 ml / 1 cullerada de farina de blat de moro (midó de blat de moro)

30 ml / 2 cullerades de vi d'arròs o xerès sec

30 ml / 2 cullerades d'aigua

45 ml / 3 cullerades d'oli de cacauet (cacauet)

60 ml / 4 cullerades de salsa de soja espessa

5 ml/1 culleradeta de sucre

Incorporeu el pollastre, les cebolletes, el gingebre, la farina de blat de moro, el vi o el xerès i l'aigua i deixeu-ho reposar 30 minuts, remenant de tant en tant. Escalfeu l'oli i fregiu el pollastre durant uns 3 minuts fins que estigui lleugerament daurat. Afegiu la salsa de soja i el sucre i salteu-ho durant aproximadament 1 minut fins que el pollastre estigui cuit i tendre.

Pollastre rostit picant

Serveix per 4 porcions

150 ml/¼ pt/generosa ½ tassa de salsa de soja

2 grans d'all, triturats

50 g / 2 oz / ¼ tassa de sucre moreno

1 ceba, picada finament

30 ml / 2 cullerades de puré de tomàquet (pasta)

1 llesca de llimona, picada

1 llesca d'arrel de gingebre, picada

45 ml / 3 cullerades de vi d'arròs o xerès sec

4 trossos grans de pollastre

Barregeu tots els ingredients excepte el pollastre. Col·loqueu el pollastre en una safata apta per al forn, aboqueu-hi la barreja, tapeu-lo i deixeu-ho marinar durant la nit, remenant de tant en tant. Rostir el pollastre al forn preescalfat a 180 °C/350 °F/gas marca 4 durant 40 minuts, girant-lo i remenant de tant en tant. Traieu la tapa, augmenteu la temperatura del forn a 200 °C/400 °F/gas marca 6 i continueu cuinant durant 15 minuts més fins que el pollastre estigui cuit.

pollastre amb espinacs

Serveix per 4 porcions

100 g/4 oz de pollastre, picat

15 ml / 1 cullerada de greix de pernil, picat

175 ml / 6 fl oz / ¾ tassa de brou de pollastre

3 clares lleugerament batides

sal

5 ml/1 culleradeta d'aigua

450 g/1 lb d'espinacs, ben picats

5 ml / 1 culleradeta de farina de blat de moro (midó de blat de moro)

45 ml / 3 cullerades d'oli de cacauet (cacauet)

Combina el pollastre, el greix del pernil, 150 ml/¼ pt/½ tassa generosa de brou de pollastre, les clares d'ou, 5 ml/1 culleradeta de sal i l'aigua. Barregeu els espinacs amb el brou restant, una mica de sal i la farina de blat de moro barrejada amb una mica d'aigua. Escalfeu la meitat de l'oli, afegiu la barreja d'espinacs a la paella i remeneu-ho constantment a foc lent fins que s'escalfi. Transferiu a un plat de servir calent i mantingueu calent. Escalfeu l'oli restant i fregiu cullerades de la barreja de pollastre fins que estigui ferm i blanc. Disposar sobre els espinacs i servir immediatament.

rotllets de primavera de pollastre

Serveix per 4 porcions

15 ml / 1 cullerada d'oli de cacauet
pessic de sal
1 gra d'all, triturat
225 g / 8 oz de pollastre, tallat a tires
100 g/4 oz de bolets, tallats a rodanxes
175 g / 6 oz de col, picada
100 g / 4 oz de brots de bambú, picats
50 g / 2 oz de castanyes d'aigua, triturades
100 g / 4 oz de brots de soja

5 ml/1 culleradeta de sucre
5 ml/1 culleradeta de vi d'arròs o xerès sec
5 ml/1 culleradeta de salsa de soja
8 pells de rotlle de primavera
oli de fregir

Escalfeu l'oli, la sal i els alls i sofregiu-los suaument fins que els alls comencin a daurar-se. Afegiu-hi el pollastre i els xampinyons i salteu-ho uns minuts fins que el pollastre quedi blanc. Afegiu-hi la col, els brots de bambú, les castanyes d'aigua i els brots de soja i sofregiu durant 3 minuts. Afegiu-hi sucre, vi o xerès i salsa de soja, remeneu-ho bé, tapeu-ho i fregiu-ho durant els últims 2 minuts. Passeu-lo en un colador i deixeu-ho escórrer.

Col·loqueu unes quantes cullerades de la barreja de farciment al centre de cada pell de rotlle de primavera, doblegueu la part inferior, doblegueu els costats i enrotlleu, tancant el farcit. Tanqueu la vora amb una mica de barreja de farina i aigua i deixeu-ho assecar durant 30 minuts. Escalfeu l'oli i fregiu els rotllets de primavera uns 10 minuts fins que estiguin cruixents i daurats. Escorreu bé abans de servir.

Porc rostit picant

Serveix per 4 porcions

450 g/1lb de carn de porc, tallada a daus

sal i pebre

30 ml / 2 cullerades de salsa de soja

30 ml/2 cullerades de salsa hoisin

45 ml / 3 cullerades d'oli de cacauet (cacauet)

120 ml / 4 fl oz / ½ tassa de vi d'arròs o xerès sec

300 ml / ½ pt / 1¼ tasses de brou de pollastre

5 ml/1 culleradeta de cinc espècies en pols

6 cebes tendra (cebes vermelles), picades

225 g / 8 oz de bolets d'ostra, a rodanxes

15 ml / 1 cullerada de farina de blat de moro (midó de blat de moro)

Condimenteu la carn amb sal i pebre. Col·loqueu en un plat i remeneu-hi la salsa de soja i la salsa hoisin. Tapa i deixa marinar 1 hora. Escalfeu l'oli i fregiu la carn fins que estigui daurada. Afegiu el vi o el xerès, el brou i la pols de cinc espècies, porteu-ho a ebullició, tapeu i deixeu-ho coure durant 1 hora. Afegiu-hi les escalunyes i els bolets, traieu la tapa i deixeu-ho coure 4 minuts més. Barrejar la farina de blat de moro amb una mica d'aigua, tornar al foc i coure, remenant, durant 3 minuts fins que la salsa espesseixi.

panets de porc al vapor

fa 12 anys

30 ml/2 cullerades de salsa hoisin

15 ml / 1 cullerada de salsa d'ostres

15 ml / 1 cullerada de salsa de soja

2,5 ml/½ culleradeta d'oli de sèsam

30 ml / 2 cullerades d'oli de cacauet (cacauet)

10 ml / 2 culleradetes d'arrel de gingebre ratllada

1 gra d'all, triturat

300 ml / ½ pt / 1¼ tasses d'aigua

15 ml / 1 cullerada de farina de blat de moro (midó de blat de moro)

225 g / 8 oz de carn de porc cuita, tallada finament

4 cebes tendra (cebolletes), tallades finament

350 g / 12 oz / 3 tasses de farina normal (tot ús)

15 ml / 1 cullerada de llevat en pols

2,5 ml/½ culleradeta de sal

50 g/2 oz/½ tassa de llard de porc

5 ml/1 culleradeta de vinagre de vi

12 x 13 cm / 5 en quadrats de paper pergamí

Incorporeu-hi l'hoisin, les salses d'ostres i de soja i l'oli de sèsam. Escalfeu l'oli i sofregiu el gingebre i l'all fins que estiguin lleugerament daurats. Afegiu la barreja de salsa i sofregiu durant 2 minuts. Barregeu 120 ml/4 fl oz/½ tassa d'aigua amb la farina de blat de moro i remeneu-ho a la paella. Porteu a ebullició, remenant i, a continuació, cuini fins que la barreja espesseixi. Afegiu la carn de porc i les cebes i deixeu-ho refredar.

Barrejar la farina, el llevat i la sal. Fregueu el llard de porc fins que la barreja sembli un pa ratllat fi. Batre el vinagre de vi i l'aigua restant, després barrejar-ho amb la farina per formar una massa ferma. Pastar lleugerament sobre una superfície enfarinada, tapar i deixar reposar 20 minuts.

Torneu a amassar la massa, dividiu-la en 12 i doneu-li forma a una bola. Estireu a 15 cm/6 en cercles sobre una superfície enfarinada. Col·loqueu cullerades del farcit al centre de cada cercle, raspalleu les vores amb aigua i pessigueu-les per segellar el farcit. Pinteu un costat de cada quadrat de paper pergamí amb oli. Col·loqueu cada pa en un quadrat de paper, amb la costura cap avall. Col·loqueu els panets en una sola capa sobre una reixeta de vapor sobre aigua bullint. Tapeu i coeu els panets al vapor durant uns 20 minuts fins que estiguin cuits.

porc amb col

Serveix per 4 porcions

6 bolets secs xinesos

30 ml / 2 cullerades d'oli de cacauet (cacauet)

450 g/1lb de carn de porc, tallada a tires

2 cebes, tallades a rodanxes

2 pebrots vermells, tallats a tires

350 g / 12 oz de col blanca, picada

2 grans d'all, picats

2 trossos de tija de gingebre picada

30 ml/2 cullerades de mel

45 ml / 3 cullerades de salsa de soja

120 ml / 4 fl oz / ½ tassa de vi blanc sec

sal i pebre

10 ml / 2 culleradetes de farina de blat de moro (midó de blat de moro)

15 ml / 1 cullerada d'aigua

Remullar els bolets en aigua tèbia durant 30 minuts i escórrer. Descartar les tiges i tallar-ne la part superior. Escalfeu l'oli i fregiu la carn de porc fins que estigui lleugerament daurada. Afegiu-hi les verdures, l'all i el gingebre i salteu-ho durant 1 minut. Afegiu-hi la mel, la salsa de soja i el vi, deixeu-ho bullir, tapeu i deixeu-ho coure durant 40 minuts fins que la carn estigui ben cuita. Condimenteu-ho amb sal i pebre. Combina la farina de blat de moro i l'aigua i remenem a la paella. Porteu-ho a ebullició, remenant contínuament, i deixeu-ho coure durant 1 minut.

Carn de porc amb col i tomàquet

Serveix per 4 porcions

30 ml / 2 cullerades d'oli de cacauet (cacauet)

450 g/1 lb de carn magra de porc, a rodanxes

sal i pebre recent mòlt

1 gra d'all, triturat

1 ceba, picada finament

½ col, picada

450 g/1 lb de tomàquets, pelats i a quarts

250 ml / 8 fl oz / 1 tassa de brou

30 ml / 2 cullerades de farina de blat de moro (midó de blat de moro)

15 ml / 1 cullerada de salsa de soja

60 ml / 4 cullerades d'aigua

Escalfeu l'oli i sofregiu la carn de porc, la sal, el pebre, l'all i la ceba fins que estigui lleugerament daurada. Afegiu-hi la col, els tomàquets i el brou, porteu-ho a ebullició, tapeu i deixeu-ho coure durant 10 minuts fins que la col estigui tendra. Batre la farina de blat de moro, la salsa de soja i l'aigua fins que es formi una pasta, remenar a la paella i coure, remenant, fins que la salsa estigui clara i espessa.

Porc marinat amb col

Serveix per 4 porcions

350 g / 12 oz de ventresca de porc

2 cebes tendra (cebolletes), picades

1 llesca d'arrel de gingebre, picada

1 branca de canyella

3 grans d'anís estrellat

45 ml / 3 cullerades de sucre moreno

600 ml / 1 pt / 2½ tasses d'aigua

15 ml / 1 cullerada d'oli de cacauet

15 ml / 1 cullerada de salsa de soja

5 ml/1 cullerradeta de puré de tomàquet (pasta)

5 ml/1 cullerradeta de salsa d'ostres

100 g / 4 oz de cors de col xinesa

100 g / 4 oz de pak choi

Talleu la carn de porc a trossos de 10 cm/4 cm i poseu-la en un bol. Afegiu-hi el cibulet, el gingebre, la canyella, l'anís estrellat, el sucre i l'aigua i deixeu-ho reposar 40 minuts. Escalfeu l'oli, retireu la carn de porc de la marinada i afegiu-la a la paella. Fregiu fins que estigui lleugerament daurat, després afegiu-hi la salsa de soja, el puré de tomàquet i la salsa d'ostres. Porta a ebullició i deixa coure uns 30 minuts fins que la carn de porc estigui tendra i el líquid s'hagi reduït, afegint-hi una mica més d'aigua durant la cocció si cal.

Mentrestant, coeu al vapor els cors de col i el pak choi en aigua bullint durant uns 10 minuts fins que estiguin tendres. Col·loqueu-los en un plat escalfat, poseu-hi la carn de porc per sobre i regeix-ho amb la salsa.

Carn de porc amb api

Serveix per 4 porcions

45 ml / 3 cullerades d'oli de cacauet (cacauet)
1 gra d'all, triturat
1 escalunya (escalunya), picada
1 llesca d'arrel de gingebre, picada
225 g / 8 oz de carn de porc magra, tallada a tires
100 g / 4 oz d'api, a rodanxes fines
45 ml / 3 cullerades de salsa de soja
15 ml / 1 cullerada de vi d'arròs o xerès sec
5 ml / 1 culleradeta de farina de blat de moro (midó de blat de moro)

Escalfeu l'oli i sofregiu els alls, les escalunyes i el gingebre fins que estiguin lleugerament daurats. Afegiu-hi la carn de porc i fregiu-la durant 10 minuts fins que estigui daurada. Afegiu l'api i salteu-ho durant 3 minuts. Afegiu-hi els altres ingredients i sofregiu-ho durant 3 minuts.

Porc amb castanyes i bolets

Serveix per 4 porcions

4 bolets secs xinesos
100 g / 4 oz / 1 tassa de castanyes
30 ml / 2 cullerades d'oli de cacauet (cacauet)
2,5 ml/½ culleradeta de sal
450 g/1lb de carn de porc magra, tallada a daus
15 ml / 1 cullerada de salsa de soja
375 ml / 13 fl oz / 1½ tasses de brou de pollastre
100 g / 4 oz de castanyes d'aigua, a rodanxes

Remullar els bolets en aigua tèbia durant 30 minuts i escórrer. Descartar les tiges i tallar la part superior per la meitat. Escaldeu les castanyes en aigua bullint durant 1 minut i escorreu-les. Escalfeu l'oli i la sal i sofregiu la carn de porc fins que estigui lleugerament daurada. Afegiu la salsa de soja i salteu-ho durant 1 minut. Afegir el brou i portar a ebullició. Afegiu-hi les castanyes i les castanyes d'aigua, torneu a bullir, tapeu i deixeu-ho coure aproximadament 1 hora i mitja fins que la carn estigui tendra.

Costella de porc

Serveix per 4 porcions

100 g / 4 oz de brots de bambú, tallats a tires

100 g / 4 oz de castanyes d'aigua, a rodanxes fines

60 ml / 4 cullerades d'oli de cacauet (cacauet)

3 cebes tendra (cebolletes), picades

2 grans d'all, triturats

1 llesca d'arrel de gingebre, picada

225 g / 8 oz de carn de porc magra, tallada a tires

45 ml / 3 cullerades de salsa de soja

15 ml / 1 cullerada de vi d'arròs o xerès sec

5 ml/1 culleradeta de sal

5 ml/1 culleradeta de sucre

pebre recent mòlt

15 ml / 1 cullerada de farina de blat de moro (midó de blat de moro)

Escaldeu els brots de bambú i les castanyes d'aigua en aigua bullint durant 2 minuts, després escorreu-los i assequeu-los. Escalfeu 45 ml / 3 cullerades d'oli i sofregiu les escalunyes, l'all i el gingebre fins que estiguin lleugerament daurats. Afegiu-hi la carn de porc i sofregiu-ho durant 4 minuts. Retirar de la paella.

Escalfeu l'oli restant i fregiu les verdures durant 3 minuts. Afegiu-hi la carn de porc, la salsa de soja, el vi o xerès, la sal, el sucre i una mica de pebre i sofregiu-ho durant 4 minuts. Barregeu la farina de blat de moro amb una mica d'aigua, remeneu-la a la paella i deixeu-ho coure, remenant, fins que la salsa es clarifiqui i espesseixi.

yakisoba de porc

Serveix per 4 porcions

4 bolets secs xinesos

30 ml / 2 cullerades d'oli de cacauet (cacauet)

2,5 ml/½ culleradeta de sal

4 cebes tendra (cebolletes), picades

225 g / 8 oz de carn de porc magra, tallada a tires

15 ml / 1 cullerada de salsa de soja

5 ml/1 culleradeta de sucre

3 tiges d'api, picades

1 ceba, tallada a rodanxes

100 g/4 oz de bolets, a la meitat

120 ml / 4 fl oz / ½ tassa de brou de pollastre

fideus fregits suaus

Remullar els bolets en aigua tèbia durant 30 minuts i escórrer. Descartar les tiges i tallar-ne la part superior. Escalfeu l'oli i la sal i sofregiu les cebes fins que estiguin toves. Afegiu la carn de porc i fregiu-la fins que estigui lleugerament daurada. Incorporeu-hi la salsa de soja, el sucre, l'api, la ceba i els bolets frescos i secs i sofregiu durant uns 4 minuts fins que els ingredients estiguin ben barrejats. Afegiu el brou i deixeu-ho coure durant 3 minuts. Afegiu la meitat dels fideus a la paella i remeneu-ho suaument, després afegiu-hi els fideus restants i remeneu fins que s'escalfi.

Chow Mein de porc rostit

Serveix per 4 porcions

100 g / 4 oz de brots de soja
45 ml / 3 cullerades d'oli de cacauet (cacauet)
100 g / 4 oz de col xinesa, picada
225 g / 8 oz de porc rostit, tallat a rodanxes
5 ml/1 culleradeta de sal
15 ml / 1 cullerada de vi d'arròs o xerès sec

Escalfeu els brots de soja en aigua bullint durant 4 minuts i escorreu-los. Escalfeu l'oli i sofregiu els brots de soja i la col fins que estiguin tendres. Afegiu la carn de porc, la sal i el xerès i sofregiu fins que s'escalfi. Afegiu la meitat de la pasta escorreguda a la paella i remeneu suaument fins que s'escalfi. Afegiu els fideus restants i remeneu fins que s'escalfi.

Porc amb Chutney

Serveix per 4 porcions

5 ml/1 culleradeta de cinc espècies en pols

5 ml/1 culleradeta de curri en pols

450 g/1lb de carn de porc, tallada a tires

30 ml / 2 cullerades d'oli de cacauet (cacauet)

6 cebes tendra (cebes), tallades a tires

1 tija d'api, tallada a tires

100 g / 4 oz de brots de soja

1 x Pot de 200 g/7 oz d'escabetx xinesos, tallats a daus

45 ml/3 cullerades de chutney de mango

30 ml / 2 cullerades de salsa de soja

30 ml / 2 cullerades de puré de tomàquet (pasta)

150 ml/¼ pt/generosa ½ tassa de brou de pollastre

10 ml / 2 culleradetes de farina de blat de moro (midó de blat de moro)

Fregueu bé les espècies a la carn de porc. Escalfeu l'oli i fregiu la carn durant 8 minuts o fins que estigui cuita. Retirar de la paella. Afegiu les verdures a la paella i sofregiu-ho durant 5 minuts. Torneu la carn de porc a l'olla amb tots els ingredients restants, excepte la farina de blat de moro. Remeneu fins que s'escalfi. Barrejar la farina de blat de moro amb una mica d'aigua, remenar a la paella i coure, remenant, fins que la salsa espesseixi.

Carn de porc amb cogombre

Serveix per 4 porcions

225 g / 8 oz de carn de porc magra, tallada a tires

30 ml / 2 cullerades de farina normal (tot ús)

sal i pebre recent mòlt

60 ml / 4 cullerades d'oli de cacauet (cacauet)

225 g / 8 oz de cogombre, pelat i tallat a rodanxes

30 ml / 2 cullerades de salsa de soja

Passeu la carn de porc en farina i amaniu-la amb sal i pebre. Escalfeu l'oli i fregiu la carn de porc uns 5 minuts fins que estigui cuita. Afegiu-hi el cogombre i la salsa de soja i sofregiu-ho durant 4 minuts més. Revisar i ajustar el condiment i servir amb arròs fregit.

Paquets de Porc Cruixent

Serveix per 4 porcions

4 bolets secs xinesos

30 ml / 2 cullerades d'oli de cacauet (cacauet)

225 g / 8 oz de filet de porc, picat (molit)

50 g / 2 oz de gambes pelades, picades

15 ml / 1 cullerada de salsa de soja

15 ml / 1 cullerada de farina de blat de moro (midó de blat de moro)

30 ml / 2 cullerades d'aigua

8 paquets de rotllets primaverals

100 g / 4 oz / 1 tassa de farina de blat de moro (midó de blat de moro)

oli de fregir

Remullar els bolets en aigua tèbia durant 30 minuts i escórrer. Descartar les tiges i picar finament els taps. Escalfeu l'oli i sofregiu els bolets, la carn de porc, les gambes i la salsa de soja durant 2 minuts. Barregeu la farina de blat de moro i l'aigua fins que es formi una pasta i remeneu-ho a la barreja per fer el farcit.

Talleu els embolcalls a tires, poseu una mica de farcit al final de cada embolcall i enrotlleu-los en triangles, segellant amb una mica de la barreja de farina i aigua. Espolvorear generosament amb farina de blat de moro. Escalfeu l'oli i fregiu els triangles fins que estiguin cruixents i daurats. Escorreu bé abans de servir.

rotllets de porc amb ou

Serveix per 4 porcions

225 g / 8 oz de carn de porc magra, tallada

1 llesca d'arrel de gingebre, picada

1 cibulet, picat

15 ml / 1 cullerada de salsa de soja

15 ml / 1 cullerada d'aigua

12 pells de rotlle d'ou

1 ou, batut

oli de fregir

Barrejar la carn de porc, el gingebre, la ceba, la salsa de soja i l'aigua. Col·loqueu una mica de farciment al centre de cada pell i unteu les vores amb ou batut. Doblegueu els costats i enrotlleu el rotllo d'ou lluny de vosaltres, segellant les vores amb ou. Cuini al vapor sobre una reixeta durant 30 minuts fins que la carn de porc estigui cuita. Escalfeu l'oli i fregiu uns minuts fins que estigui cruixent i daurat.

Rotllets d'ou de porc i gambes

Serveix per 4 porcions

30 ml / 2 cullerades d'oli de cacauet (cacauet)
225 g / 8 oz de carn de porc magra, tallada
6 cebes tendra (cebes vermelles), picades
225 g / 8 oz de brots de soja
100 g / 4 oz de gambes pelades, tallades
15 ml / 1 cullerada de salsa de soja
2,5 ml/½ culleradeta de sal
12 pells de rotlle d'ou
1 ou, batut

oli de fregir

Escalfeu l'oli i sofregiu la carn de porc i la ceba tendra fins que estiguin lleugerament daurades. Mentrestant, blanqueu els brots de soja en aigua bullint durant 2 minuts i escorreu-los. Afegiu els brots de soja a la paella i sofregiu-ho durant 1 minut. Afegiu-hi les gambes, la salsa de soja i la sal i salteu-ho durant 2 minuts. Deixeu refredar.

Col·loqueu una mica de farciment al centre de cada pell i unteu les vores amb ou batut. Doblegueu els costats i enrotlleu els rotllets d'ou, segellant les vores amb ou. Escalfeu l'oli i fregiu els rotllets d'ou fins que estiguin cruixents i daurats.

Carn de porc estofada amb ous

Serveix per 4 porcions

450 g/1 lliura de carn magra de porc
30 ml / 2 cullerades d'oli de cacauet (cacauet)
1 ceba picada
90 ml / 6 cullerades de salsa de soja
45 ml / 3 cullerades de vi d'arròs o xerès sec
15 ml / 1 cullerada de sucre moreno
3 ous durs (durs)

Bullir una olla amb aigua, afegir la carn de porc, tornar a bullir i coure a foc lent fins que quedi tancat. Retirar de la paella, escórrer bé i tallar a daus. Escalfeu l'oli i sofregiu la ceba fins que es marceixi. Afegiu la carn de porc i fregiu-la fins que estigui lleugerament daurada. Afegiu-hi la salsa de soja, el vi o xerès i el sucre, tapeu-ho i deixeu-ho coure durant 30 minuts, remenant de tant en tant. Feu petits talls a l'exterior dels ous i afegiu-los a la paella, tapeu i deixeu-ho coure 30 minuts més.

porc de foc

Serveix per 4 porcions

450 g/1 lb de filet de porc, tallat a tires
30 ml / 2 cullerades de salsa de soja
30 ml/2 cullerades de salsa hoisin
5 ml/1 culleradeta de cinc espècies en pols
15 ml / 1 cullerada de pebre
15 ml / 1 cullerada de sucre moreno
15 ml / 1 cullerada d'oli de sèsam
30 ml / 2 cullerades d'oli de cacauet (cacauet)

6 cebes tendra (cebes vermelles), picades
1 pebrot verd, tallat a trossos
200 g / 7 oz de brots de soja
2 rodanxes de pinya, tallades a daus
45 ml/3 cullerades de salsa de tomàquet (catsup)
150 ml/¼ pt/generosa ½ tassa de brou de pollastre

Poseu la carn en un bol. Barregeu la salsa de soja, la salsa hoisin, la pols de cinc espècies, el pebre i el sucre, aboqueu-ho sobre la carn i deixeu-ho marinar durant 1 hora. Escalfeu els olis i fregiu la carn fins que estigui daurada. Retirar de la paella. Afegiu les verdures i sofregiu durant 2 minuts. Afegiu-hi la pinya, la salsa de tomàquet i el brou i deixeu-ho bullir. Torneu la carn a la paella i escalfeu-la abans de servir.

Filet De Porc Fregit

Serveix per 4 porcions
350 g / 12 oz de filet de porc, tallat a daus
15 ml / 1 cullerada de vi d'arròs o xerès sec
15 ml / 1 cullerada de salsa de soja
5 ml/1 culleradeta d'oli de sèsam

30 ml / 2 cullerades de farina de blat de moro (midó de blat de moro)

oli de fregir

Barregeu la carn de porc, el vi o el xerès, la salsa de soja, l'oli de sèsam i la farina de blat de moro de manera que el porc quedi cobert amb una massa espessa. Escalfeu l'oli i fregiu la carn de porc uns 3 minuts fins que estigui cruixent. Retireu la carn de porc de la paella, torneu a escalfar l'oli i torneu a fregir durant uns 3 minuts.

Porc de cinc espècies

Serveix per 4 porcions

225 g / 8 oz de carn de porc magra
5 ml / 1 culleradeta de farina de blat de moro (midó de blat de moro)
2,5 ml/½ culleradeta de cinc espècies en pols
2,5 ml/½ culleradeta de sal
15 ml / 1 cullerada de vi d'arròs o xerès sec
20 ml / 2 cullerades d'oli de cacauet (cacauet)
120 ml / 4 fl oz / ½ tassa de brou de pollastre

Talleu la carn de porc a rodanxes fines contra el gra. Barregeu la carn de porc amb la farina de blat de moro, la pols de cinc espècies, la sal i el vi o el xerès i remeneu bé per cobrir la carn de porc. Deixeu reposar 30 minuts, remenant de tant en tant.
Escalfar l'oli, afegir la carn de porc i sofregir uns 3 minuts.
Afegir el brou, portar a ebullició, tapar i coure durant 3 minuts.
Serviu immediatament.

Porc rostit fragant

Serveis 6-8

1 tros de pell de mandarina
45 ml / 3 cullerades d'oli de cacauet (cacauet)
900 g / 2 lliures de carn de porc magra, tallada a daus
250 ml / 8 fl oz / 1 tassa de vi d'arròs o xerès sec
120 ml / 4 fl oz / ½ tassa de salsa de soja
2,5 ml/½ culleradeta d'anís en pols
½ branca de canyella

4 claus

5 ml/1 culleradeta de sal

250 ml / 8 fl oz / 1 tassa d'aigua

2 cebes tendra (cebes), tallades a rodanxes

1 llesca d'arrel de gingebre, picada

Remullar la pell de mandarina en aigua mentre prepareu el plat. Escalfeu l'oli i fregiu la carn de porc fins que estigui lleugerament daurada. Afegiu-hi el vi o xerès, la salsa de soja, l'anís en pols, la canyella, els claus, la sal i l'aigua. Porta a ebullició, afegim la pell de mandarina, el cibulet i el gingebre. Tapa i cuini durant aproximadament 1 1/2 hora fins que estigui tendre, remenant de tant en tant i afegint una mica d'aigua bullint addicional si cal. Traieu els condiments abans de servir.

Carn de porc amb all picat

Serveix per 4 porcions

450 g/1 lb de ventresca de porc, pell

3 llesques d'arrel de gingebre

2 cebes tendra (cebolletes), picades

30 ml/2 cullerades d'all picat

30 ml / 2 cullerades de salsa de soja

5 ml/1 culleradeta de sal

15 ml / 1 cullerada de brou de pollastre

2,5 ml/½ culleradeta d'oli de xili

4 branquetes de coriandre

Poseu la carn de porc en una olla amb el gingebre i la ceba tendra, cobriu-ho amb aigua, deixeu-ho bullir i deixeu-ho coure durant 30 minuts fins que estigui ben cuit. Retirar i escórrer bé, després tallar a rodanxes fines d'uns 5 cm/2 quadrats. Col·loqueu les rodanxes en un colador metàl·lic. Porteu una olla d'aigua a ebullició, afegiu-hi les rodanxes de porc i deixeu-ho coure durant 3 minuts fins que s'escalfi. Col·loqueu en un plat de servir escalfat. Barregeu l'all, la salsa de soja, la sal, el brou i l'oli de xili i aboqueu-hi la carn de porc. Servir guarnit amb coriandre.

Porc Fregit amb Gingebre

Serveix per 4 porcions

225 g / 8 oz de carn de porc magra

5 ml / 1 culleradeta de farina de blat de moro (midó de blat de moro)

30 ml / 2 cullerades de salsa de soja

30 ml / 2 cullerades d'oli de cacauet (cacauet)

1 llesca d'arrel de gingebre, picada

1 escalunya (escalunya), tallada a rodanxes
45 ml / 3 cullerades d'aigua
5 ml / 1 culleradeta de sucre moreno

Talleu la carn de porc a rodanxes fines contra el gra. Incorporeu-hi la farina de blat de moro, després empolvoreu-ho amb salsa de soja i torneu a barrejar. Escalfeu l'oli i sofregiu la carn de porc durant 2 minuts fins que estigui daurada. Afegiu-hi el gingebre i la ceba tendra i sofregiu-ho durant 1 minut. Afegiu-hi l'aigua i el sucre, tapeu i deixeu coure uns 5 minuts fins que estigui ben cuit.

Porc amb mongetes verdes

Serveix per 4 porcions

450 g / 1 lb de mongetes verdes, tallades a trossos
30 ml / 2 cullerades d'oli de cacauet (cacauet)
2,5 ml / ½ culleradeta de sal
1 llesca d'arrel de gingebre, picada
225 g / 8 oz de carn de porc magra, picada (molida)

120 ml / 4 fl oz / ½ tassa de brou de pollastre
75 ml / 5 cullerades d'aigua
2 ous
15 ml / 1 cullerada de farina de blat de moro (midó de blat de moro)

Coure les mongetes uns 2 minuts i escorreu-les. Escalfeu l'oli i sofregiu la sal i el gingebre durant uns segons. Afegiu la carn de porc i fregiu-la fins que estigui lleugerament daurada. Afegiu-hi les mongetes i salteu-les durant 30 segons, revestint-les d'oli. Afegir el brou, portar a ebullició, tapar i coure durant 2 minuts. Batre 30 ml/2 cullerades d'aigua amb els ous i remenar-los a la paella. Barregeu l'aigua restant amb la farina de blat de moro. Quan els ous comencin a cuar, afegiu-hi la farina de blat de moro i deixeu-ho coure fins que la mescla espesseixi. Serviu immediatament.

Porc amb pernil i tofu

Serveix per 4 porcions
4 bolets secs xinesos
5 ml / 1 culleradeta d'oli de cacauet (cacauet)

100 g / 4 oz de pernil fumat, tallat a rodanxes
225 g / 8 oz de tofu, tallat a rodanxes
225 g / 8 oz de carn de porc magra, tallada a rodanxes
15 ml / 1 cullerada de vi d'arròs o xerès sec
sal i pebre recent mòlt
1 llesca d'arrel de gingebre, picada
1 escalunya (escalunya), picada
10 ml / 2 culleradetes de farina de blat de moro (midó de blat de moro)
30 ml / 2 cullerades d'aigua

Remullar els bolets en aigua tèbia durant 30 minuts i escórrer. Descartar les tiges i tallar la part superior per la meitat. Frega un bol resistent a la calor amb l'oli de cacauet (cacauet). Disposeu els bolets, el pernil, el tofu i la carn de porc en capes al plat, amb la carn de porc per sobre. Espolvorear amb vi o xerès, sal i pebre, gingebre i cibulet. Tapeu i cuini al vapor sobre una reixeta sobre aigua bullint durant uns 45 minuts fins que estigui cuit. Escorreu la salsa del bol sense tocar els ingredients. Afegiu aigua suficient per fer 250 ml / 8 fl oz / 1 tassa. Combina la farina de blat de moro i l'aigua i barreja-ho amb la salsa. Posar en un bol i coure, remenant, fins que la salsa estigui lleugera i espessa. Gireu la barreja de porc en un plat de servir escalfat, aboqueu-hi la salsa i serviu.

kebabs de porc fregits

Serveix per 4 porcions

450 g/1 lb de filet de porc, tallat a rodanxes fines

100 g/4 oz de pernil cuit, tallat a rodanxes fines
6 castanyes d'aigua, a rodanxes fines
30 ml / 2 cullerades de salsa de soja
30 ml/2 cullerades de vinagre de vi
15 ml / 1 cullerada de sucre moreno
15 ml / 1 cullerada de salsa d'ostres
unes gotes d'oli de xili
45 ml / 3 cullerades de farina de blat de moro (midó de blat de moro)
30 ml / 2 cullerades de vi d'arròs o xerès sec
2 ous, batuts
oli de fregir

Enfileu alternativament la carn de porc, el pernil i les castanyes d'aigua a unes broquetes petites. Barregeu la salsa de soja, el vinagre de vi, el sucre, la salsa d'ostres i l'oli de xili. Aboqueu-hi els kebabs, tapeu i deixeu-ho marinar a la nevera durant 3 hores. Batre la farina de blat de moro, el vi o el xerès i els ous fins que quedi suau i espès. Gireu els kebabs a la massa per cobrir-los. Escalfeu l'oli i fregiu els kebabs fins que estiguin daurats.

Manxa de porc rostida amb salsa vermella

Serveix per 4 porcions

1 canya gran de porc

1 l / 1½ pts / 4¼ tasses d'aigua bullint

5 ml/1 culleradeta de sal

120 ml / 4 fl oz / ½ tassa de vinagre de vi

120 ml / 4 fl oz / ½ tassa de salsa de soja

45 ml / 3 cullerades de mel

5 ml / 1 culleradeta de baies de ginebre

5 ml/1 culleradeta d'anís

5 ml/1 culleradeta de coriandre

60 ml / 4 cullerades d'oli de cacauet (cacauet)

6 cebes tendra (cebolletes), tallades a rodanxes

2 pastanagues, a rodanxes fines

1 tija d'api, tallada a rodanxes

45 ml/3 cullerades de salsa hoisin

30 ml/2 cullerades de chutney de mango

75 ml/5 cullerades de puré de tomàquet (pasta)

1 gra d'all, triturat

60 ml / 4 cullerades de cibulet picat

Bullir la canya de porc amb aigua, sal, vinagre de vi, 45 ml/3 cullerades de salsa de soja, mel i espècies. Afegiu-hi les verdures, deixeu-ho bullir, tapeu i deixeu-ho coure durant aproximadament 1 1/2 hores fins que la carn estigui tendra. Traieu la carn i les verdures de la paella, talleu la carn de l'os i piqueu-la. Escalfeu l'oli i fregiu la carn fins que estigui daurada. Afegiu les verdures i sofregiu durant 5 minuts. Afegiu la resta de la salsa de soja, la salsa hoisin, el chutney, el puré de tomàquet i l'all. Porteu a ebullició, remenant i deixeu-ho coure durant 3 minuts. Serviu esquitxat amb cibulet.

porc marinat

Serveix per 4 porcions

450 g/1 lliura de carn magra de porc
1 llesca d'arrel de gingebre, picada
1 gra d'all, triturat
90 ml / 6 cullerades de salsa de soja
15 ml / 1 cullerada de vi d'arròs o xerès sec
45 ml / 3 cullerades d'oli de cacauet (cacauet)
1 escalunya (escalunya), tallada a rodanxes
15 ml / 1 cullerada de sucre moreno
pebre recent mòlt

Barregeu la carn de porc amb el gingebre, l'all, 30 ml/2 cullerades de salsa de soja i el vi o xerès. Deixeu-ho reposar 30 minuts, remenant de tant en tant, després traieu la carn de la marinada. Escalfeu l'oli i fregiu la carn de porc fins que estigui lleugerament daurada. Afegiu-hi el cibulet, el sucre, la salsa de soja restant i un raig de pebre, tapeu-ho i deixeu-ho coure durant uns 45 minuts fins que la carn de porc estigui cuita. Talleu la carn de porc a daus i serviu.

Costelles de porc marinades

Serveix per 6 porcions

6 costelles de porc
1 llesca d'arrel de gingebre, picada
1 gra d'all, triturat
90 ml / 6 cullerades de salsa de soja
30 ml / 2 cullerades de vi d'arròs o xerès sec
45 ml / 3 cullerades d'oli de cacauet (cacauet)
2 cebes tendra (cebolletes), picades
15 ml / 1 cullerada de sucre moreno
pebre recent mòlt

Talleu les costelles de porc de l'os i talleu la carn a daus. Combineu el gingebre, l'all, 30 ml/2 cullerades de salsa de soja i el vi o el xerès, aboqueu-hi la carn de porc i deixeu-ho marinar durant 30 minuts, remenant de tant en tant. Traieu la carn de la marinada. Escalfeu l'oli i sofregiu la carn de porc fins que estigui lleugerament daurada. Afegiu-hi el cibulet i salteu-ho durant 1 minut. Barregeu la salsa de soja restant amb sucre i una mica de pebre. Barrejar amb la salsa, portar a ebullició, tapar i coure uns 30 minuts fins que la carn de porc estigui tendra.

Carn de porc amb bolets

Serveix per 4 porcions

25 g/1 oz de bolets xinesos secs
30 ml / 2 cullerades d'oli de cacauet (cacauet)
1 gra d'all, picat
225 g / 8 oz de carn de porc magra, tallada a rodanxes
4 cebes tendra (cebolletes), picades
15 ml / 1 cullerada de salsa de soja
15 ml / 1 cullerada de vi d'arròs o xerès sec
5 ml/1 culleradeta d'oli de sèsam

Remullar els bolets en aigua tèbia durant 30 minuts i escórrer. Descartar les tiges i tallar-ne la part superior. Escalfeu l'oli i sofregiu els alls fins que estiguin lleugerament daurats. Afegiu la carn de porc i fregiu fins que estigui daurada. Afegiu les cebolletes, els xampinyons, la salsa de soja i el vi o el xerès i sofregiu durant 3 minuts. Incorporeu-hi l'oli de sèsam i serviu immediatament.

pa de carn al vapor

Serveix per 4 porcions

450 g/1 lb de carn de porc picada (molida)

4 castanyes d'aigua, ben picades

225 g / 8 oz de bolets, ben picats

5 ml/1 culleradeta de salsa de soja

sal i pebre recent mòlt

1 ou, lleugerament batut

Barregeu bé tots els ingredients i doneu forma a la barreja en un pastís pla en una safata apta per al forn. Col·loqueu el plat en una reixeta en una vaporera, tapeu-lo i coeu-ho al vapor durant 1 hora i mitja.

Porc vermell amb bolets

Serveix per 4 porcions

450 g/1lb de carn de porc magra, tallada a daus

250 ml / 8 fl oz / 1 tassa d'aigua

15 ml / 1 cullerada de salsa de soja

15 ml / 1 cullerada de vi d'arròs o xerès sec

5 ml/1 culleradeta de sucre

5 ml/1 culleradeta de sal

225 g de xampinyons

Posar la carn de porc i l'aigua en una olla i portar l'aigua a ebullició. Tapar i coure durant 30 minuts i després escórrer, reservant el brou. Torneu la carn de porc a la paella i afegiu-hi la salsa de soja. Coure a foc lent, remenant, fins que s'absorbeixi la salsa de soja. Incorporeu-hi vi o xerès, sucre i sal. Aboqueu-hi el brou reservat, porteu-ho a ebullició, tapeu i deixeu-ho coure uns 30 minuts, girant la carn de tant en tant. Afegiu-hi els bolets i deixeu-ho coure 20 minuts més.

creps de porc amb pasta

Serveix per 4 porcions

30 ml / 2 cullerades d'oli de cacauet (cacauet)

5 ml / 2 culleradetes de sal

225 g / 8 oz de carn de porc magra, tallada a tires

225 g / 8 oz de col xinesa, picada

100 g / 4 oz de brots de bambú, picats

100 g/4 oz de bolets, a rodanxes fines

150 ml/¼ pt/generosa ½ tassa de brou de pollastre

10 ml / 2 culleradetes de farina de blat de moro (midó de blat de moro)

15 ml / 1 cullerada de vi d'arròs o xerès sec

15 ml / 1 cullerada d'aigua

creps de macarrons

Escalfeu l'oli i sofregiu la sal i la carn de porc fins que estiguin lleugerament daurades. Afegiu-hi la col, els brots de bambú i els bolets i sofregiu-ho durant 1 minut. Afegiu el brou, porteu-ho a ebullició, tapeu i deixeu-ho coure durant 4 minuts fins que la carn de porc estigui cuita. Batre la farina de blat de moro en una pasta amb el vi o el xerès i l'aigua, remenar a la paella i coure, remenant, fins que la salsa estigui clara i espessa. Aboqui la creps de pasta per servir.

Carn de porc i gambes amb creps de fideus

Serveix per 4 porcions

30 ml / 2 cullerades d'oli de cacauet (cacauet)

5 ml/1 culleradeta de sal

4 cebes tendra (cebolletes), picades

1 gra d'all, triturat

225 g / 8 oz de carn de porc magra, tallada a tires

100 g/4 oz de bolets, tallats a rodanxes

4 tiges d'api, tallades a rodanxes

225 g de gambes pelades

30 ml / 2 cullerades de salsa de soja

10 ml / 1 culleradeta de farina de blat de moro (midó de blat de moro)

45 ml / 3 cullerades d'aigua

creps de macarrons

Escalfeu l'oli i la sal i sofregiu la ceba i l'all fins que estiguin daurats. Afegiu la carn de porc i fregiu-la fins que estigui lleugerament daurada. Afegiu-hi els xampinyons i l'api i salteu-ho durant 2 minuts. Afegiu-hi les gambes, empolvoreu-ho amb salsa de soja i remeneu-ho fins que s'escalfi. Batre la farina de blat de moro i l'aigua fins que es formi una pasta, remenar a la paella i coure, remenant, fins que estigui calenta. Aboqui la creps de pasta per servir.

Carn de porc amb salsa d'ostres

Serveis 4-6

450 g/1 lliura de carn magra de porc
15 ml / 1 cullerada de farina de blat de moro (midó de blat de moro)
10 ml / 2 culleradetes de vi d'arròs o xerès sec
pessic de sucre
45 ml / 3 cullerades d'oli de cacauet (cacauet)
10 ml / 2 culleradetes d'aigua
30 ml / 2 cullerades de salsa d'ostres
pebre recent mòlt
1 llesca d'arrel de gingebre, picada
60 ml / 4 cullerades de brou de pollastre

Talleu la carn de porc a rodanxes fines contra el gra. Barregeu 5 ml/1 culleradeta de farina de blat de moro amb el vi o el xerès, el sucre i 5 ml/1 culleradeta d'oli, afegiu-ho a la carn de porc i remeneu-ho bé per cobrir. Barregeu la farina de blat de moro restant amb l'aigua, la salsa d'ostres i un polsim de pebre. Escalfeu l'oli restant i sofregiu el gingebre durant 1 minut. Afegiu la carn de porc i fregiu-la fins que estigui lleugerament daurada. Afegiu-hi el brou i la barreja d'aigua i salsa d'ostres, porteu-ho a ebullició, tapeu i deixeu-ho coure durant 3 minuts.

Porc amb cacauets

Serveix per 4 porcions

450 g/1lb de carn de porc magra, tallada a daus

15 ml / 1 cullerada de farina de blat de moro (midó de blat de moro)

5 ml/1 culleradeta de sal

1 clara d'ou

3 cebes tendra (cebolletes), picades

1 gra d'all, picat

1 llesca d'arrel de gingebre, picada

45 ml / 3 cullerades de brou de pollastre

15 ml / 1 cullerada de vi d'arròs o xerès sec

15 ml / 1 cullerada de salsa de soja

10 ml / 2 culleradetes de melassa negra

45 ml / 3 cullerades d'oli de cacauet (cacauet)

½ cogombre, tallat a daus

25 g / 1 oz / ¼ tassa de cacauets amb closca

5 ml/1 culleradeta d'oli de xili

Barrejar la carn de porc amb la meitat de la farina de blat de moro, la sal i la clara d'ou i remenar bé per arrebossar la carn de porc. Barregeu la farina de blat de moro restant amb les cebolletes, l'all, el gingebre, el brou, el vi o xerès, la salsa de soja i la melassa. Escalfeu l'oli i sofregiu la carn de porc fins que estigui lleugerament daurada, després traieu-la de la paella. Afegiu el cogombre a la paella i salteu-ho uns minuts. Torneu la carn de porc a la paella i remeneu-ho lleugerament. Afegiu la barreja d'espècies, porteu-ho a ebullició i deixeu-ho coure, remenant, fins que la salsa estigui lleugera i espessa. Incorporeu-hi els cacauets i l'oli de xili i escalfeu-ho abans de servir.

Carn de porc amb pebrots

Serveix per 4 porcions

45 ml / 3 cullerades d'oli de cacauet (cacauet)

225 g / 8 oz de carn de porc magra, tallada a daus

1 ceba, tallada a daus

2 pebrots verds, picats

½ cap de fulles xineses tallades a daus

1 llesca d'arrel de gingebre, picada

15 ml / 1 cullerada de salsa de soja

15 ml / 1 cullerada de sucre

2,5 ml/½ culleradeta de sal

Escalfeu l'oli i fregiu el porc uns 4 minuts fins que estigui daurat. Afegiu la ceba i sofregiu-ho durant aproximadament 1 minut. Afegiu-hi els pebrots i salteu-los durant 1 minut. Afegiu les fulles xineses i fregiu durant 1 minut. Barregeu la resta d'ingredients, barregeu-los a la paella i fregiu-los 2 minuts més.

Carn de porc picant amb escabetx

Serveix per 4 porcions

900 g / 2 lliures de costelles de porc

30 ml / 2 cullerades de farina de blat de moro (midó de blat de moro)

45 ml / 3 cullerades de salsa de soja

30 ml / 2 cullerades de xerès dolç

5 ml/1 culleradeta d'arrel de gingebre ratllada

2,5 ml/½ culleradeta de cinc espècies en pols

una mica de pebre acabat de mòlta

oli de fregir

60 ml / 4 cullerades de brou de pollastre

Verdures xineses en escabetx

Talleu les costelles, descartant tot el greix i els ossos. Batre la farina de blat de moro, 30 ml/2 cullerades de salsa de soja, el xerès, el gingebre, la pols de cinc espècies i el pebre. Aboqueu-hi la carn de porc i remeneu-la per cobrir completament. Tapeu i deixeu marinar durant 2 hores, girant de tant en tant. Escalfeu l'oli i fregiu el porc fins que estigui daurat i cuit. Escórrer sobre paper de cuina. Talleu la carn de porc a rodanxes gruixudes, transferiu-la a una safata calenta i mantingueu-la calenta. Combina el brou i la salsa de soja restant en una cassola petita. Porteu a ebullició i aboqueu sobre la carn de porc a rodanxes. Serviu-ho guarnit amb adobats barrejats.

Carn de porc amb salsa de prunes

Serveix per 4 porcions

450 g/1 lb de carn de porc brasa, tallada a daus

2 grans d'all, triturats

sal

60 ml/4 cullerades de salsa de tomàquet (catsup)

30 ml / 2 cullerades de salsa de soja

45 ml / 3 cullerades de salsa de prunes

5 ml/1 culleradeta de curri en pols

5 ml/1 culleradeta de pebre vermell

2,5 ml/½ culleradeta de pebre recent mòlt

45 ml / 3 cullerades d'oli de cacauet (cacauet)

6 cebes tendra (cebes), tallades a tires

4 pastanagues, tallades a tires

Marinar la carn amb l'all, la sal, la salsa de tomàquet, la salsa de soja, la salsa de prunes, el curri en pols, el pebre vermell i el pebre durant 30 minuts. Escalfeu l'oli i fregiu la carn fins que estigui lleugerament daurada. Retirar del wok. Afegiu les verdures a l'oli i fregiu-les fins que estiguin toves. Torneu la carn a la paella i escalfeu-la suaument abans de servir.

Porc amb Gambes

Serveis 6-8

900 g / 2 lliures de carn magra de porc
30 ml / 2 cullerades d'oli de cacauet (cacauet)
1 ceba, tallada a rodanxes
1 escalunya (escalunya), picada
2 grans d'all, triturats
30 ml / 2 cullerades de salsa de soja
50 g / 2 oz de gambes pelades, picades
(pis)
600 ml / 1 pt / 2½ tasses d'aigua bullint
15 ml / 1 cullerada de sucre

Bullir una olla amb aigua, afegir la carn de porc, tapar i coure durant 10 minuts. Retirar de la paella i escórrer bé i tallar a daus. Escalfeu l'oli i sofregiu la ceba, el cibulet i l'all fins que estiguin lleugerament daurats. Afegiu la carn de porc i fregiu-la fins que estigui lleugerament daurada. Afegiu la salsa de soja i les gambes i sofregiu-ho durant 1 minut. Afegiu-hi l'aigua bullint i el sucre, tapeu i deixeu coure uns 40 minuts fins que la carn de porc estigui tendra.

Porc vermell

Serveix per 4 porcions

675 g / 1½ lb de carn de porc magra, tallada a daus

250 ml / 8 fl oz / 1 tassa d'aigua

1 llesca d'arrel de gingebre, triturada

60 ml / 4 cullerades de salsa de soja

15 ml / 1 cullerada de vi d'arròs o xerès sec

5 ml/1 culleradeta de sal

10 ml / 2 culleradetes de sucre moreno

Posar la carn de porc i l'aigua en una olla i portar l'aigua a ebullició. Afegiu-hi el gingebre, la salsa de soja, el xerès i la sal, tapeu-ho i deixeu-ho coure a foc lent durant 45 minuts. Afegiu-hi el sucre, gireu la carn, tapeu i deixeu-ho coure 45 minuts més fins que la carn de porc estigui tendra.

Carn de porc en salsa vermella

Serveix per 4 porcions

30 ml / 2 cullerades d'oli de cacauet (cacauet)

225 g / 8 oz de ronyons de porc, tallats a tires

450 g/1lb de carn de porc, tallada a tires

1 ceba, tallada a rodanxes

4 cebes tendra (cebes), tallades a tires

2 pastanagues, tallades a tires

1 tija d'api, tallada a tires

1 pebrot vermell, tallat a tires

45 ml / 3 cullerades de salsa de soja

45 ml/3 cullerades de vi blanc sec

300 ml / ½ pt / 1¼ tasses de brou de pollastre

30 ml / 2 cullerades de salsa de pruna

30 ml/2 cullerades de vinagre de vi

5 ml/1 culleradeta de cinc espècies en pols

5 ml / 1 culleradeta de sucre moreno

15 ml / 1 cullerada de farina de blat de moro (midó de blat de moro)

15 ml / 1 cullerada d'aigua

Escalfeu l'oli i fregiu els ronyons durant 2 minuts, després els retireu de la paella. Torneu a escalfar l'oli i fregiu la carn de porc fins que estigui lleugerament daurada. Afegir les verdures i sofregir durant 3 minuts. Afegiu la salsa de soja, el vi, el brou, la salsa de prunes, el vinagre de vi, cinc espècies en pols i el sucre, porteu-ho a ebullició, tapeu i deixeu-ho coure durant 30 minuts fins que estigui ben cuit. Afegiu-hi els ronyons. Combina la farina de blat de moro i l'aigua i remenem a la paella. Portar a ebullició i coure, remenant, fins que la salsa espesseixi.

Carn de porc amb fideus d'arròs

Serveix per 4 porcions

4 bolets secs xinesos

100 g/4 oz de fideus d'arròs

225 g / 8 oz de carn de porc magra, tallada a tires

15 ml / 1 cullerada de farina de blat de moro (midó de blat de moro)

15 ml / 1 cullerada de salsa de soja

15 ml / 1 cullerada de vi d'arròs o xerès sec

45 ml / 3 cullerades d'oli de cacauet (cacauet)

2,5 ml/½ culleradeta de sal

1 llesca d'arrel de gingebre, picada

2 tiges d'api, picades

120 ml / 4 fl oz / ½ tassa de brou de pollastre

2 cebes tendra (cebes), tallades a rodanxes

Remullar els bolets en aigua tèbia durant 30 minuts i escórrer. Descartar i tiges i tallar la part superior. Remullar la pasta en aigua tèbia durant 30 minuts, escórrer i tallar en 5 cm/2 trossos. Poseu la carn de porc en un bol. Batre la farina de blat de moro, la salsa de soja i el vi o el xerès, abocar-hi la carn de porc i tirar. Escalfeu l'oli i sofregiu la sal i el gingebre durant uns segons. Afegiu la carn de porc i fregiu-la fins que estigui lleugerament daurada. Afegiu-hi els bolets i l'api i sofregiu-ho durant 1 minut. Afegir el brou, portar a ebullició, tapar i coure durant 2 minuts. Afegiu-hi els fideus i escalfeu-ho durant 2 minuts. Incorporeu-hi el cibulet i serviu immediatament.

Bollos de porc rics

Serveix per 4 porcions

450 g/1 lb de carn de porc picada (molida)
100 g/4 oz de tofu, puré
4 castanyes d'aigua, ben picades
sal i pebre recent mòlt
120 ml / 4 fl oz / ½ tassa d'oli de cacauet (cacauet)
1 llesca d'arrel de gingebre, picada
600 ml / 1 pt / 2½ tasses de brou de pollastre
15 ml / 1 cullerada de salsa de soja
5 ml / 1 culleradeta de sucre moreno
5 ml/1 culleradeta de vi d'arròs o xerès sec

Incorporeu-hi el porc, el tofu i les castanyes i rectifiqueu-ho de sal i pebre. Formeu boles grans. Escalfeu l'oli i sofregiu les boles de porc fins que estiguin daurades per tots els costats i retireu-les de la paella. Escorreu tot menys 15 ml/1 cullerada d'oli i afegiu-hi el gingebre, el brou, la salsa de soja, el sucre i el vi o el xerès. Torneu les boles de porc a la cassola, porteu-les a ebullició i deixeu-les coure lentament durant 20 minuts fins que estiguin ben cuites.

Costelles de Porc rostides

Serveix per 4 porcions

4 costelles de porc
75 ml / 5 cullerades de salsa de soja
oli de fregir
100 g/4 oz d'api
3 cebes tendra (cebolletes), picades
1 llesca d'arrel de gingebre, picada
15 ml / 1 cullerada de vi d'arròs o xerès sec
120 ml / 4 fl oz / ½ tassa de brou de pollastre
sal i pebre recent mòlt
5 ml/1 culleradeta d'oli de sèsam

Remull les costelles de porc en salsa de soja fins que estiguin ben cobertes. Escalfeu l'oli i fregiu les costelles fins que estiguin daurades. Retirar i escórrer bé. Col·loqueu l'api al fons d'un refractari poc profund. Espolvorear amb les cebolletes i el gingebre i disposar les costelles de porc per sobre. Aboqui el vi o el xerès i el brou i rectifiqueu de sal i pebre. Espolvorear amb oli de sèsam. Coure al forn preescalfat a 200 °C/400 °C/gas marca 6 durant 15 minuts.

carn de porc condimentada

Serveix per 4 porcions

1 cogombre, tallat a daus

sal

450 g/1lb de carn de porc magra, tallada a daus

5 ml/1 culleradeta de sal

45 ml / 3 cullerades de salsa de soja

30 ml / 2 cullerades de vi d'arròs o xerès sec

30 ml / 2 cullerades de farina de blat de moro (midó de blat de moro)

15 ml / 1 cullerada de sucre moreno

60 ml / 4 cullerades d'oli de cacauet (cacauet)

1 llesca d'arrel de gingebre, picada

1 gra d'all, picat

1 pebrot vermell, sense llavors i picat

60 ml / 4 cullerades de brou de pollastre

Espolvorear el cogombre amb sal i reservar. Incorporeu la carn de porc, la sal, 15 ml/1 cullerada de salsa de soja, 15 ml/1 cullerada de vi o xerès, 15 ml/1 cullerada de farina de blat de moro, el sucre moreno i 15 ml/1 cullerada d'oli d'oliva. Deixeu-ho reposar 30 minuts i retireu la carn de la marinada. Escalfeu l'oli restant i fregiu la carn de porc fins que estigui lleugerament daurada. Afegiu-hi el gingebre, l'all i el bitxo i salteu-ho durant 2 minuts. Afegiu el cogombre i salteu-ho durant 2 minuts. Remeneu el brou i la salsa de soja restant, el vi o el xerès i la farina de blat de moro a la marinada. Remeneu-ho a la cassola i deixeu-ho bullir, remenant. Cuini, remenant, fins que la salsa s'aclareixi i espesseixi i continuï a foc lent fins que la carn estigui cuita.

Llesques de porc relliscoses

Serveix per 4 porcions

225 g / 8 oz de carn de porc magra, tallada a rodanxes

2 clares d'ou

15 ml / 1 cullerada de farina de blat de moro (midó de blat de moro)

45 ml / 3 cullerades d'oli de cacauet (cacauet)

50 g / 2 oz de brots de bambú, tallats a rodanxes

6 cebes tendra (cebes vermelles), picades

2,5 ml/½ culleradeta de sal
15 ml / 1 cullerada de vi d'arròs o xerès sec
150 ml/¼ pt/generosa ½ tassa de brou de pollastre

Remeneu la carn de porc amb les clares i la farina de blat de moro fins que quedi ben cobert. Escalfeu l'oli i sofregiu la carn de porc fins que estigui lleugerament daurada, després traieu-la de la paella. Afegiu-hi els brots de bambú i la ceba tendra i sofregiu-ho durant 2 minuts. Torneu la carn de porc a l'olla amb la sal, el vi o el xerès i el brou de pollastre. Portar a ebullició i coure, remenant, durant 4 minuts, fins que la carn de porc estigui cuita.

Carn de porc amb espinacs i pastanagues

Serveix per 4 porcions

225 g / 8 oz de carn de porc magra
2 pastanagues, tallades a tires
225 g / 8 unces d'espinacs
45 ml / 3 cullerades d'oli de cacauet (cacauet)
1 escalunya (escalunya), tallada finament
15 ml / 1 cullerada de salsa de soja
2,5 ml/½ culleradeta de sal
10 ml / 2 culleradetes de farina de blat de moro (midó de blat de moro)

30 ml / 2 cullerades d'aigua

Talleu la carn de porc a rodanxes fines contra el gra i talleu-la a tires. Coure les pastanagues uns 3 minuts i escorreu-les. Talleu les fulles d'espinacs per la meitat. Escalfeu l'oli i sofregiu el cibulet fins que quedi translúcid. Afegiu la carn de porc i fregiu-la fins que estigui lleugerament daurada. Afegiu-hi les pastanagues i la salsa de soja i salteu-ho durant 1 minut. Afegiu-hi la sal i els espinacs i salteu-ho durant uns 30 segons fins que comenci a estovar-se. Barregeu la farina de blat de moro i l'aigua fins que quedi una pasta, barregeu-ho amb la salsa i sofregiu-ho fins que estigui pàl·lid i serviu-ho tot alhora.

carn de porc al vapor

Serveix per 4 porcions

450 g/1lb de carn de porc magra, tallada a daus
120 ml / 4 fl oz / ½ tassa de salsa de soja
120 ml / 4 fl oz / ½ tassa de vi d'arròs o xerès sec
15 ml / 1 cullerada de sucre moreno

Barregeu tots els ingredients i poseu-los en un bol resistent a la calor. Cuini al vapor a una graella sobre aigua bullint durant aproximadament 1 1/2 hores fins que estigui cuit.

Porc Fregit

Serveix per 4 porcions

25 g/1 oz de bolets xinesos secs

15 ml / 1 cullerada d'oli de cacauet

450 g/1 lb de carn magra de porc, a rodanxes

1 pebrot verd, tallat a daus

15 ml / 1 cullerada de salsa de soja

15 ml / 1 cullerada de vi d'arròs o xerès sec

5 ml/1 culleradeta de sal

5 ml/1 culleradeta d'oli de sèsam

Remullar els bolets en aigua tèbia durant 30 minuts i escórrer. Descartar les tiges i tallar-ne la part superior. Escalfeu l'oli i sofregiu la carn de porc fins que estigui lleugerament daurada. Afegiu-hi el pebrot i salteu-ho durant 1 minut. Afegiu-hi els bolets, la salsa de soja, el vi o el xerès i la sal i salteu-ho uns minuts fins que la carn estigui ben cuita. Remeneu l'oli de sèsam abans de servir.

Carn de porc amb moniato

Serveix per 4 porcions

oli de fregir

2 moniatos grans, tallats a rodanxes

30 ml / 2 cullerades d'oli de cacauet (cacauet)

1 llesca d'arrel de gingebre, tallada a rodanxes

1 ceba, tallada a rodanxes

450 g/1lb de carn de porc magra, tallada a daus

15 ml / 1 cullerada de salsa de soja

2,5 ml/½ culleradeta de sal

pebre recent mòlt

250 ml / 8 fl oz / 1 tassa de brou de pollastre

30 ml/2 cullerades de curri en pols

Escalfeu l'oli i fregiu els moniatos fins que estiguin daurats. Retirar de la paella i escórrer bé. Escalfeu l'oli de cacauet (cacauet) i sofregiu el gingebre i la ceba fins que estiguin lleugerament daurats. Afegiu la carn de porc i fregiu-la fins que estigui lleugerament daurada. Afegiu-hi la salsa de soja, sal i una mica de pebre, afegiu-hi el brou i el curri en pols, deixeu-ho bullir i deixeu-ho coure, remenant durant 1 minut. Afegiu-hi les patates fregides, tapeu i deixeu-ho coure durant 30 minuts fins que la carn de porc estigui ben cuita.

Carn de porc agredolça

Serveix per 4 porcions

450 g/1lb de carn de porc magra, tallada a daus

15 ml / 1 cullerada de vi d'arròs o xerès sec

15 ml / 1 cullerada d'oli de cacauet

5 ml/1 culleradeta de curri en pols

1 ou, batut

sal

100 g de farina de blat de moro (midó de blat de moro)

oli de fregir

1 gra d'all, triturat

75 g / 3 oz / ½ tassa de sucre

50 g de salsa de tomàquet (catsup)

5 ml/1 culleradeta de vinagre de vi

5 ml/1 culleradeta d'oli de sèsam

Barregeu la carn de porc amb el vi o xerès, l'oli d'oliva, el curri en pols, l'ou i una mica de sal. Incorporeu-hi la farina de blat de moro fins que la carn de porc estigui coberta amb la massa. Escalfeu l'oli fins que faci fum i afegiu-hi els daus de porc unes quantes vegades. Fregir uns 3 minuts, escórrer i reservar. Torneu a escalfar l'oli i torneu a fregir els daus durant uns 2 minuts. Retirar i escórrer. Escalfeu l'all, el sucre, la salsa de tomàquet i el vinagre de vi, remenant fins que el sucre es dissolgui. Porteu a ebullició, afegiu-hi els daus de porc i remeneu-ho bé. Incorporeu l'oli de sèsam i serviu.

porc salat

Serveix per 4 porcions

30 ml / 2 cullerades d'oli de cacauet (cacauet)

450 g/1lb de carn de porc magra, tallada a daus

3 cebes tendra (cebolletes), tallades a rodanxes

2 grans d'all, triturats

1 llesca d'arrel de gingebre, picada

250 ml / 8 fl oz / 1 tassa de salsa de soja

30 ml / 2 cullerades de vi d'arròs o xerès sec

30 ml / 2 cullerades de sucre moreno

5 ml/1 culleradeta de sal

600 ml / 1 pt / 2½ tasses d'aigua

Escalfeu l'oli i fregiu la carn de porc fins que estigui daurada. Escorreu l'excés d'oli, afegiu-hi les escalunyes, l'all i el gingebre i sofregiu-ho durant 2 minuts. Afegiu-hi la salsa de soja, el vi o xerès, el sucre i la sal i remeneu-ho bé. Afegir aigua, portar a ebullició, tapar i coure durant 1 hora.

Carn de porc amb tofu

Serveix per 4 porcions

450 g/1 lliura de carn magra de porc

45 ml / 3 cullerades d'oli de cacauet (cacauet)

1 ceba, tallada a rodanxes

1 gra d'all, triturat

225 g / 8 oz de tofu, a daus

375 ml / 13 fl oz / 1½ tasses de brou de pollastre

15 ml / 1 cullerada de sucre moreno

60 ml / 4 cullerades de salsa de soja
2,5 ml/½ culleradeta de sal

Poseu la carn de porc en una olla i cobriu-la amb aigua. Portar a ebullició i després coure durant 5 minuts. Escórrer i deixar refredar i tallar a daus.

Escalfeu l'oli i sofregiu la ceba i l'all fins que estiguin lleugerament daurats. Afegiu la carn de porc i fregiu-la fins que estigui lleugerament daurada. Afegiu el tofu i remeneu suaument fins que estigui cobert d'oli. Afegiu-hi el brou, el sucre, la salsa de soja i la sal, porteu-ho a ebullició, tapeu i deixeu-ho coure uns 40 minuts fins que la carn de porc estigui tendra.

carn de porc suau

Serveix per 4 porcions
225 g / 8 oz de filet de porc, tallat a daus
1 clara d'ou
30 ml / 2 cullerades de vi d'arròs o xerès sec
sal
225 g / 8 oz de farina de blat de moro (midó de blat de moro)
oli de fregir

Barregeu la carn de porc amb la clara d'ou, el vi o el xerès i una mica de sal. A poc a poc, incorporeu prou farina de blat de moro per fer una massa espessa. Escalfeu l'oli i fregiu el porc fins que estigui daurat i cruixent per fora i tendre per dins.

Dues vegades porc

Serveix per 4 porcions

225 g / 8 oz de carn de porc magra

45 ml / 3 cullerades d'oli de cacauet (cacauet)

2 pebrots verds, tallats a trossos

2 grans d'all, picats

2 cebes tendra (cebes), tallades a rodanxes

15 ml / 1 cullerada de salsa de mongetes calenta

15 ml / 1 cullerada de brou de pollastre

5 ml/1 culleradeta de sucre

Poseu el tros de porc en una cassola, cobriu-lo amb aigua, deixeu-ho bullir i deixeu-ho coure durant 20 minuts fins que estigui cuit. Retirar i escórrer i deixar refredar. Tallar a rodanxes fines.

Escalfeu l'oli i sofregiu la carn de porc fins que estigui lleugerament daurada. Afegiu-hi el pebrot, l'all i el cibulet i salteu-ho durant 2 minuts. Retirar de la paella. Afegiu la salsa de mongetes, el brou i el sucre a l'olla i deixeu-ho coure, remenant, durant 2 minuts. Torneu la carn de porc i els pebrots i sofregiu-los fins que s'escalfi. Servir alhora.

Carn de porc amb verdures

Serveix per 4 porcions

2 grans d'all, triturats

5 ml/1 culleradeta de sal

2,5 ml/½ culleradeta de pebre recent mòlt

30 ml / 2 cullerades d'oli de cacauet (cacauet)

30 ml / 2 cullerades de salsa de soja

225 g de floretes de bròquil

200 g de floretes de coliflor

1 pebrot vermell, tallat a daus

1 ceba picada

2 taronges, pelades i tallades a daus

1 tros de tija de gingebre, picada

30 ml / 2 cullerades de farina de blat de moro (midó de blat de moro)

300 ml / ½ pt / 1¼ tasses d'aigua

20 ml/2 cullerades de vinagre de vi

15 ml/1 cullerada de mel

una mica de gingebre mòlt

2,5 ml/½ culleradeta de comí

Tritureu l'all, la sal i el pebre a la carn. Escalfeu l'oli i fregiu la carn fins que estigui lleugerament daurada. Retirar de la paella. Afegiu la salsa de soja i les verdures a la paella i sofregiu-ho fins que estiguin suaus però encara cruixents. Afegiu-hi les taronges i el gingebre. Combina la farina de blat de moro i l'aigua i remenem a la paella amb el vinagre de vi, la mel, el gingebre i el comí. Portar a ebullició i coure, remenant, durant 2 minuts. Torneu la carn de porc a la paella i escalfeu-la abans de servir.

Porc amb fruits secs

Serveix per 4 porcions

50 g / 2 oz / ½ tassa de nous

225 g / 8 oz de carn de porc magra, tallada a tires

30 ml / 2 cullerades de farina normal (tot ús)

30 ml / 2 cullerades de sucre moreno

30 ml / 2 cullerades de salsa de soja

oli de fregir

15 ml / 1 cullerada d'oli de cacauet

Escalfeu les nous en aigua bullint durant 2 minuts i escorreu-les. Remeneu la carn de porc amb la farina, el sucre i 15 ml/1 cullerada de salsa de soja fins que estigui ben coberta. Escalfeu l'oli i fregiu la carn de porc fins que estigui cruixent i daurada. Escórrer sobre paper de cuina. Escalfeu l'oli de cacauet (cacauet) i fregiu els fruits secs fins que estiguin daurats. Afegiu la carn de porc a la paella, ruixeu-ho amb la salsa de soja restant i fregiu-la fins que s'escalfi.

wontons de porc

Serveix per 4 porcions

450 g/1 lb de carn de porc picada (molida)

1 escalunya (escalunya), picada

225 g / 8 oz de verdures barrejades, picades

30 ml / 2 cullerades de salsa de soja

5 ml/1 culleradeta de sal

40 pells de wonton

oli de fregir

Escalfeu una paella i fregiu la carn de porc i el cibulet fins que estiguin lleugerament daurades. Retirar del foc i remenar les verdures, la salsa de soja i la sal.

Per plegar els wontons, agafeu la pell al palmell de la mà esquerra i col·loqueu una mica de farciment al centre. Humitejar les vores amb ou i doblegar la pell formant un triangle, segellant les vores. Humitejar les cantonades amb ou i retorçar-les.

Escalfeu l'oli i sofregiu els wontons uns quants a la vegada fins que estiguin daurats. Escorreu bé abans de servir.

Porc amb castanyes d'aigua

Serveix per 4 porcions

45 ml / 3 cullerades d'oli de cacauet (cacauet)

1 gra d'all, triturat

1 escalunya (escalunya), picada

1 llesca d'arrel de gingebre, picada

225 g / 8 oz de carn de porc magra, tallada a tires

100 g / 4 oz de castanyes d'aigua, a rodanxes fines

45 ml / 3 cullerades de salsa de soja

15 ml / 1 cullerada de vi d'arròs o xerès sec

5 ml / 1 culleradeta de farina de blat de moro (midó de blat de moro)

Escalfeu l'oli i sofregiu els alls, les escalunyes i el gingebre fins que estiguin lleugerament daurats. Afegiu-hi la carn de porc i fregiu-la durant 10 minuts fins que estigui daurada. Afegir les castanyes d'aigua i sofregir durant 3 minuts. Afegiu-hi els altres ingredients i sofregiu-ho durant 3 minuts.

Wontons de porc i gambes

Serveix per 4 porcions

225 g / 8 oz de carn de porc picada (molida)
2 cebes tendra (cebolletes), picades
100 g / 4 oz de verdures barrejades, picades
100 g/4 oz de bolets, picats
225 g / 8 oz de gambes pelades, picades
15 ml / 1 cullerada de salsa de soja
2,5 ml/½ culleradeta de sal

40 pells de wonton
oli de fregir

Escalfeu una paella i fregiu la carn de porc i el cibulet fins que estiguin lleugerament daurades. Afegiu la resta d'ingredients.

Per plegar els wontons, agafeu la pell al palmell de la mà esquerra i col·loqueu una mica de farciment al centre. Humitejar les vores amb ou i doblegar la pell formant un triangle, segellant les vores. Humitejar les cantonades amb ou i retorçar-les.

Escalfeu l'oli i sofregiu els wontons uns quants a la vegada fins que estiguin daurats. Escorreu bé abans de servir.

Mandonguilles picades al vapor

Serveix per 4 porcions
2 grans d'all, triturats
2,5 ml/½ cullaradeta de sal
450 g/1 lb de carn de porc picada (molida)
1 ceba picada
1 pebrot vermell, picat
1 pebrot verd, picat
2 trossos de tija de gingebre picada
5 ml/1 cullaradeta de curri en pols
5 ml/1 cullaradeta de pebre vermell

1 ou, batut

45 ml / 3 cullerades de farina de blat de moro (midó de blat de moro)

50 g/2 oz d'arròs de gra curt

sal i pebre recent mòlt

60 ml / 4 cullerades de cibulet picat

Incorporeu-hi l'all, la sal, la carn de porc, la ceba, el xile, el gingebre, el curri i el pebre vermell. Incorporeu l'ou a la barreja amb la farina de blat de moro i l'arròs. Rectifiqueu de sal i pebre i, a continuació, remeneu-hi el cibulet. Amb les mans mullades, donar-li forma a boles petites. Poseu-los en una cistella de vapor, tapeu-los i deixeu-los coure en aigua bullint durant 20 minuts fins que estiguin cuits.

Costelles amb salsa de mongetes negres

Serveix per 4 porcions

900 g / 2 lliures de costelles de porc

2 grans d'all, triturats

2 cebes tendra (cebolletes), picades

30 ml / 2 cullerades de salsa de mongetes negres

30 ml / 2 cullerades de vi d'arròs o xerès sec

15 ml / 1 cullerada d'aigua

30 ml / 2 cullerades de salsa de soja

15 ml / 1 cullerada de farina de blat de moro (midó de blat de moro)

5 ml/1 culleradeta de sucre

120 ml / 4 fl oz ½ tassa d'aigua

30 ml/2 cullerades d'oli

2,5 ml/½ culleradeta de sal

120 ml / 4 fl oz / ½ tassa de brou de pollastre

Talleu les costelles de recanvi a 2,5 cm/1. Incorporeu-hi l'all, el cibulet, la salsa de mongetes negres, el vi o el xerès, l'aigua i 15 ml/1 cullerada de salsa de soja. Barregeu la resta de la salsa de soja amb la farina de blat de moro, el sucre i l'aigua. Escalfeu l'oli i la sal i sofregiu les costelles fins que estiguin daurades. Escorreu l'oli. Afegiu la barreja d'all i sofregiu-ho durant 2 minuts. Afegiu el brou, porteu-ho a ebullició, tapeu i deixeu-ho coure durant 4 minuts. Afegiu la barreja de farina de blat de moro i deixeu-ho coure, remenant, fins que la salsa s'aclareixi i espessi.

costelles curtes brases

Serveix per 4 porcions

3 grans d'all, triturats

75 ml / 5 cullerades de salsa de soja

60 ml/4 cullerades de salsa hoisin

60 ml / 4 cullerades de vi d'arròs o xerès sec

45 ml / 3 cullerades de sucre moreno

30 ml / 2 cullerades de puré de tomàquet (pasta)

900 g / 2 lliures de costelles de porc

15 ml/1 cullerada de mel

Combineu l'all, la salsa de soja, la salsa hoisin, el vi o el xerès, el sucre moreno i el puré de tomàquet, aboqueu-ho sobre les costelles, tapeu i deixeu marinar durant la nit.

Escorreu les costelles i poseu-les sobre una reixeta en una paella amb una mica d'aigua a sota. Coure al forn preescalfat a 180 °C/350 °F/gas 4 durant 45 minuts, remenant de tant en tant amb l'adob, reservant 30 ml/2 cullerades de la marinada. Barrejar la marinada reservada amb la mel i pinzellar les costelles. Barbacoa o brasa (grill) sota una graella calenta durant uns 10 minuts.

Costella d'auró rostida

Serveix per 4 porcions

900 g / 2 lliures de costelles de porc

60 ml / 4 cullerades de xarop d'auró

5 ml/1 culleradeta de sal

5 ml/1 culleradeta de sucre

45 ml / 3 cullerades de salsa de soja

15 ml / 1 cullerada de vi d'arròs o xerès sec

1 gra d'all, triturat

Talleu les costelles de recanvi a trossos de 5 cm/2 cm i poseu-les en un bol. Barrejar tots els ingredients, afegir les costelles i barrejar bé. Tapa i deixa marinar durant la nit. Grill (a la graella) o a la planxa a foc mitjà durant uns 30 minuts.

Costelles Fregides

Serveix per 4 porcions

900 g / 2 lliures de costelles de porc
120 ml / 4 fl oz / ½ tassa de salsa de tomàquet (catsup)
120 ml / 4 fl oz / ½ tassa de vinagre de vi
60 ml/4 cullerades de chutney de mango
45 ml / 3 cullerades de vi d'arròs o xerès sec
2 grans d'all, picats

5 ml/1 culleradeta de sal

45 ml / 3 cullerades de salsa de soja

30 ml/2 cullerades de mel

15 ml/1 cullerada de curri suau en pols

15 ml/1 cullerada de pebre vermell

oli de fregir

60 ml / 4 cullerades de cibulet picat

Poseu les costelles en un bol. Barregeu tots els ingredients excepte l'oli i el cibulet, aboqueu-los sobre les costelles, tapeu i deixeu marinar durant almenys 1 hora. Escalfeu l'oli i fregiu les costelles fins que estiguin cruixents. Serviu esquitxat amb cibulet.

Costelles amb porro

Serveix per 4 porcions

450 g/1 lb de costelles de porc

oli de fregir

250 ml / 8 fl oz / 1 tassa de brou

30 ml / 2 cullerades de salsa de tomàquet (catsup)

2,5 ml/½ culleradeta de sal

2,5 ml/½ culleradeta de sucre

2 porros, tallats a trossos
6 cebes tendra (cebolletes), tallades a trossos
50 g de floretes de bròquil
5 ml/1 culleradeta d'oli de sèsam

Talleu les costelles a 5 cm/2 trossos. Escalfeu l'oli i fregiu les costelles fins que comencin a daurar-se. Traieu-los de la paella i aboqueu-hi tot menys 30 ml/2 cullerades d'oli. Afegiu el brou, la salsa de tomàquet, la sal i el sucre, deixeu-ho bullir i deixeu-ho coure 1 minut. Torneu les costelles a la paella i deixeu-ho coure uns 20 minuts fins que estiguin tendres.

Mentrestant, escalfeu 30 ml/2 cullerades d'oli més i sofregiu els porros, la ceba tendra i el bròquil durant uns 5 minuts. Espolvorear amb oli de sèsam i disposar al voltant d'un plat calent per servir. Col·loqueu les costelles i la salsa al centre i serviu.

Costelles amb bolets

Serveis 4-6

6 bolets secs xinesos
900 g / 2 lliures de costelles de porc
2 grans d'anís estrellat
45 ml / 3 cullerades de salsa de soja

5 ml/1 culleradeta de sal

15 ml / 1 cullerada de farina de blat de moro (midó de blat de moro)

Remullar els bolets en aigua tèbia durant 30 minuts i escórrer. Descartar i tiges i tallar la part superior. Talleu les costelles a 5 cm/2 trossos. Porteu una cassola amb aigua a ebullició, afegiu-hi les costelles i deixeu-ho coure durant 15 minuts. Assecar bé. Torneu les costelles a la paella i cobriu-les amb aigua freda. Afegiu-hi els bolets, l'anís estrellat, la salsa de soja i la sal. Portar a ebullició, tapar i coure durant uns 45 minuts fins que la carn estigui tendra. Barregeu la farina de blat de moro amb una mica d'aigua freda, remeneu-la a la paella i deixeu-ho coure, remenant, fins que la salsa es clarifiqui i espesseixi.

Costelles amb Taronja

Serveix per 4 porcions

900 g / 2 lliures de costelles de porc
5 ml / 1 culleradeta de formatge ratllat
5 ml / 1 culleradeta de farina de blat de moro (midó de blat de moro)

45 ml / 3 cullerades de vi d'arròs o xerès sec

sal

oli de fregir

15 ml / 1 cullerada d'aigua

2,5 ml/½ culleradeta de sucre

15 ml / 1 cullerada de puré de tomàquet (pasta)

2,5 ml/½ culleradeta de salsa de xili

pell ratllada d'1 taronja

1 taronja, tallada a rodanxes

Talleu les costelles a trossos i tireu-les amb el formatge, la farina de blat de moro, 5 ml/1 culleradeta de vi o xerès i una mica de sal. Deixeu-ho marinar durant 30 minuts. Escalfeu l'oli i fregiu les costelles uns 3 minuts fins que estiguin daurades. Escalfeu 15 ml/1 cullerada d'oli d'oliva en un wok, afegiu-hi l'aigua, el sucre, la pasta de tomàquet, la salsa de bitxo, la pell de taronja i el vi o xerès restant i remeneu-ho a foc lent durant 2 minuts. Afegiu la carn de porc i remeneu fins que estigui ben cobert. Transferiu-lo a un plat escalfat i serviu-ho guarnit amb rodanxes de taronja.

costella de pinya

Serveix per 4 porcions

900 g / 2 lliures de costelles de porc
600 ml / 1 pt / 2½ tasses d'aigua
30 ml / 2 cullerades d'oli de cacauet (cacauet)
2 grans d'all, ben picats
200 g / 7 oz de trossos de pinya en conserva en suc de fruita
120 ml / 4 fl oz / ½ tassa de brou de pollastre
60 ml/4 cullerades de vinagre de vi
50 g / 2 oz / ¼ tassa de sucre moreno
15 ml / 1 cullerada de salsa de soja
15 ml / 1 cullerada de farina de blat de moro (midó de blat de moro)
3 cebes tendra (cebolletes), picades

Posar la carn de porc i l'aigua en una cassola, portar a ebullició, tapar i coure durant 20 minuts. Assecar bé.

Escalfeu l'oli i sofregiu els alls fins que estiguin lleugerament daurats. Afegiu-hi les costelles i fregiu-les fins que estiguin ben cobertes d'oli. Escorreu els trossos de pinya i afegiu 120 ml/4 fl oz/½ tassa de suc a l'olla amb el brou, el vinagre de vi, el sucre i la salsa de soja. Portar a ebullició, tapar i coure durant 10 minuts. Afegiu-hi la pinya escorreguda. Barregeu la farina de blat de moro amb una mica d'aigua, incorporeu-hi la salsa i deixeu-ho coure, remenant, fins que la salsa s'aclareixi i espessi. Serviu esquitxat amb cibulet.

Costella de gambes cruixents

Serveix per 4 porcions

900 g / 2 lliures de costelles de porc
450 g/1 lliura de gambes pelades
5 ml/1 culleradeta de sucre
sal i pebre recent mòlt
30 ml / 2 cullerades de farina normal (tot ús)
1 ou, lleugerament batut
100 g / 4 oz de pa ratllat
oli de fregir

Talleu les costelles a 5 cm/2 trossos. Traieu una mica de carn i piqueu-la amb les gambes, el sucre, la sal i el pebre. Barregeu la farina i l'ou suficient perquè la barreja quedi enganxosa. Premeu els trossos de costella i espolvoreu-los amb pa ratllat. Escalfeu l'oli i fregiu les costelles fins que pugin a la superfície. Escorreu bé i serviu calent.

Costelles amb vi d'arròs

Serveix per 4 porcions

900 g / 2 lliures de costelles de porc
450 ml / ¾ pt / 2 tasses d'aigua
60 ml / 4 cullerades de salsa de soja

5 ml/1 culleradeta de sal

30 ml/2 cullerades de vi d'arròs

5 ml/1 culleradeta de sucre

Talleu les costelles a 2,5 cm/1. Posar en una cassola amb l'aigua, la salsa de soja i la sal, portar a ebullició, tapar i coure durant 1 hora. Assecar bé. Escalfeu una paella i afegiu-hi les costelles, el vi d'arròs i el sucre. Fregir a foc fort fins que el líquid s'evapori.

Costelles amb llavors de sèsam

Serveix per 4 porcions

900 g / 2 lliures de costelles de porc

1 ou

30 ml / 2 cullerades de farina normal (tot ús)

5 ml / 1 culleradeta de farina de patata

45 ml / 3 cullerades d'aigua

oli de fregir

30 ml / 2 cullerades d'oli de cacauet (cacauet)

30 ml / 2 cullerades de salsa de tomàquet (catsup)

30 ml / 2 cullerades de sucre moreno

10 ml/2 culleradetes de vinagre de vi

45 ml / 3 cullerades de llavors de sèsam

4 fulles d'enciam

Talleu les costelles a trossos de 10 cm/4 cm i poseu-les en un bol. Barrejar l'ou amb la farina, la farina de patata i l'aigua, afegir a les costelles i deixar reposar 4 hores.

Escalfeu l'oli i fregiu les costelles fins que estiguin daurades, retireu-les i escorreu-les. Escalfeu l'oli i sofregiu la salsa de tomàquet, el sucre moreno, el vinagre de vi durant uns minuts. Afegiu-hi les costelles de recanvi i fregiu-les fins que estiguin ben cobertes. Espolvorear amb llavors de sèsam i fregir durant 1 minut. Col·loqueu les fulles d'enciam en un plat escalfat, poseu-hi les costelles per sobre i serviu.

Costelles amb salsa agredolça

Serveix per 4 porcions

900 g / 2 lliures de costelles de porc

600 ml / 1 pt / 2½ tasses d'aigua

30 ml / 2 cullerades d'oli de cacauet (cacauet)

2 grans d'all, triturats

5 ml/1 culleradeta de sal

100 g / 4 oz / ½ tassa de sucre moreno

75 ml / 5 cullerades de brou de pollastre

60 ml/4 cullerades de vinagre de vi

100 g / 4 oz de trossos de pinya en almívar

15 ml / 1 cullerada de puré de tomàquet (pasta)

15 ml / 1 cullerada de salsa de soja

15 ml / 1 cullerada de farina de blat de moro (midó de blat de moro)

30 ml / 2 cullerades de coco ratllat

Posar la carn de porc i l'aigua en una cassola, portar a ebullició, tapar i coure durant 20 minuts. Assecar bé.

Escalfeu l'oli i sofregiu les costelles amb l'all i la sal fins que estiguin daurades. Afegiu el sucre, el brou i el vinagre de vi i deixeu-ho bullir. Escorreu la pinya i afegiu-hi 30 ml/2 cullerades d'almívar a la cassola amb el puré de tomàquet, la salsa de soja i la farina de blat de moro. Remeneu-ho bé i deixeu-ho coure a foc lent, remenant, fins que la salsa estigui lleugera i espessa. Afegiu-hi la pinya, deixeu-ho coure 3 minuts i serviu-ho escampat amb coco.

Costelles a la brasa

Serveix per 4 porcions

900 g / 2 lliures de costelles de porc

1 ou, batut

5 ml/1 culleradeta de salsa de soja

5 ml/1 cullaradeta de sal

10 ml / 2 culleradetes de farina de blat de moro (midó de blat de moro)

10 ml / 2 culleradetes de sucre

60 ml / 4 cullerades d'oli de cacauet (cacauet)

250 ml / 8 fl oz / 1 tassa de vinagre de vi

250 ml / 8 fl oz / 1 tassa d'aigua

250 ml / 8 fl oz / 1 tassa de vi d'arròs o xerès sec

Poseu les costelles en un bol. Barrejar l'ou amb la salsa de soja, la sal, la meitat de la farina de blat de moro i la meitat del sucre, afegir a les costelles i barrejar bé. Escalfeu l'oli i fregiu les costelles fins que estiguin daurades. Afegiu la resta d'ingredients, deixeu-ho bullir i bulliu fins que el líquid gairebé s'evapori.

Costelles amb tomàquet

Serveix per 4 porcions

900 g / 2 lliures de costelles de porc

75 ml / 5 cullerades de salsa de soja

30 ml / 2 cullerades de vi d'arròs o xerès sec

2 ous, batuts

45 ml / 3 cullerades de farina de blat de moro (midó de blat de moro)

oli de fregir

45 ml / 3 cullerades d'oli de cacauet (cacauet)

1 ceba, tallada a rodanxes fines

250 ml / 8 fl oz / 1 tassa de brou de pollastre

60 ml/4 cullerades de salsa de tomàquet (catsup)

10 ml / 2 culleradetes de sucre moreno

Talleu les costelles de recanvi a 2,5 cm/1. Barrejar amb 60 ml/4 cullerades de salsa de soja i el vi o xerès i marinar durant 1 hora, remenant de tant en tant. Escórrer, descartant la marinada. Submergeix les costelles a l'ou i després a la farina de blat de moro. Escalfeu l'oli i fregiu les costelles, unes quantes a la vegada, fins que estiguin daurades. Assecar bé. Escalfeu l'oli de cacauet (cacauet) i sofregiu la ceba fins que estigui translúcida. Afegiu el brou, la salsa de soja restant, el ketchup i el sucre moreno i cuini 1 minut, remenant. Afegiu-hi les costelles i deixeu-ho coure durant 10 minuts.

Porc rostit a la barbacoa

Serveis 4-6

1,25 kg / 3 lliures espatlla de porc desossada

2 grans d'all, triturats

2 cebes tendra (cebolletes), picades

250 ml / 8 fl oz / 1 tassa de salsa de soja

120 ml / 4 fl oz / ½ tassa de vi d'arròs o xerès sec

100 g / 4 oz / ½ tassa de sucre moreno

5 ml/1 culleradeta de sal

Poseu la carn de porc en un bol. Barregeu els ingredients restants, aboqueu-ho sobre la carn de porc, tapeu-ho i deixeu-ho marinar durant 3 hores. Transferiu la carn de porc i l'adob a una paella i coure al forn preescalfat a 200 °C/400 °F/gas 6 durant 10 minuts. Reduïu la temperatura a 160 ° C / 325 ° F / marca de gas 3 durant 1 ¾ hores fins que la carn de porc estigui cuita.

Carn de porc freda amb mostassa

Serveix per 4 porcions

1 kg/2 lliures de carn de porc rostida sense os

250 ml / 8 fl oz / 1 tassa de salsa de soja
120 ml / 4 fl oz / ½ tassa de vi d'arròs o xerès sec
100 g / 4 oz / ½ tassa de sucre moreno
3 cebes tendra (cebolletes), picades
5 ml/1 culleradeta de sal
30 ml / 2 cullerades de mostassa en pols

Poseu la carn de porc en un bol. Barregeu tots els ingredients restants excepte la mostassa i aboqueu-los sobre la carn de porc. Deixeu marinar durant almenys 2 hores, remenant amb freqüència. Folreu una safata de forn amb paper d'alumini i poseu la carn de porc sobre una reixeta a la paella. Es rosteix al forn preescalfat a 200 °C/400 °F/gas marca 6 durant 10 minuts, després redueix la temperatura a 160 °C/325 °F/gas marca 3 durant 1¾ hores més fins que la carn estigui tendra. tendre. Deixeu-ho refredar i després poseu-ho a la nevera. Talleu-lo bé. Barregeu la mostassa en pols amb aigua suficient per fer una pasta cremosa per servir amb la carn de porc.

Porc rostit xinès

Serveix per 6 porcions

1,25 kg / 3 lliures de carn de porc, a rodanxes gruixudes

2 grans d'all, ben picats

30 ml / 2 cullerades de vi d'arròs o xerès sec

15 ml / 1 cullerada de sucre moreno

15 ml/1 cullerada de mel

90 ml / 6 cullerades de salsa de soja

2,5 ml/½ culleradeta de cinc espècies en pols

Col·loqueu la carn de porc en un plat poc profund. Barregeu la resta d'ingredients, aboqueu-ho sobre la carn de porc, tapeu-ho i deixeu-ho marinar a la nevera durant la nit, girant i remenant de tant en tant.

Col·loqueu les rodanxes de porc sobre una reixeta en una safata de forn farcida amb una mica d'aigua i regeix-ho bé amb la marinada. Rostir al forn preescalfat a 180 °C/350 °F/gas marca 5 durant aproximadament 1 hora, remenant de tant en tant, fins que la carn de porc estigui cuita.

Porc amb espinacs

Serveis 6-8

30 ml / 2 cullerades d'oli de cacauet (cacauet)
1,25 kg / 3 lliures de filet de porc
250 ml / 8 fl oz / 1 tassa de brou de pollastre
15 ml / 1 cullerada de sucre moreno
60 ml / 4 cullerades de salsa de soja
900 g / 2 lliures d'espinacs

Escalfeu l'oli i daureu la carn per tots els costats. Elimina la major part del greix. Afegiu-hi el brou, el sucre i la salsa de soja, porteu-ho a ebullició, tapeu i deixeu-ho coure unes 2 hores fins que la carn de porc estigui ben cuita. Retireu la carn de la paella i deixeu-la refredar una mica, després talleu-la a rodanxes. Afegiu els espinacs a la paella i deixeu-ho coure, remenant suaument, fins que estiguin suaus. Escorreu els espinacs i poseu-los en un plat de servir escalfat. A sobre amb les llesques de porc i servir.

boletes de porc fregides

Serveix per 4 porcions

450 g/1 lb de carn de porc picada (molida)

1 llesca d'arrel de gingebre, picada

15 ml / 1 cullerada de farina de blat de moro (midó de blat de moro)

15 ml / 1 cullerada d'aigua

2,5 ml/½ culleradeta de sal

10 ml/2 culleradetes de salsa de soja

oli de fregir

Incorporeu-hi la carn de porc i el gingebre. Batre la farina de blat de moro, l'aigua, la sal i la salsa de soja, després remenar la barreja a la carn de porc i barrejar bé. Feu boles de la mida de nous. Escalfeu l'oli i fregiu les boles de porc fins que pugin a la superfície de l'oli. Retirar de l'oli i tornar a escalfar. Torneu la carn de porc a la paella i sofregiu-la durant 1 minut. Assecar bé.

Rotllets d'ou de porc i gambes

Serveix per 4 porcions

30 ml / 2 cullerades d'oli de cacauet (cacauet)

225 g / 8 oz de carn de porc picada (molida)

225 g de gambes

100 g / 4 oz de fulles xineses, picades

100 g / 4 oz de brots de bambú, tallats a tires

100 g / 4 oz de castanyes d'aigua, tallades a tires

10 ml/2 culleradetes de salsa de soja

5 ml/1 culleradeta de sal

5 ml/1 culleradeta de sucre

3 cebes tendres (cebes), tallades finament

8 pells de rotlle d'ou

oli de fregir

Escalfeu l'oli i sofregiu la carn de porc fins que estigui daurada. Afegiu-hi les gambes i sofregiu-ho durant 1 minut. Afegiu les fulles xineses, els brots de bambú, les castanyes d'aigua, la salsa de soja, la sal i el sucre i sofregiu-ho durant 1 minut, després tapeu-ho i deixeu-ho coure 5 minuts. Afegiu-hi el cibulet, doneu-hi un colador i deixeu-ho escórrer.

Col·loqueu unes quantes cullerades de la barreja de farciment al centre de cada pell d'ou, doblegueu la part inferior, doblegueu els costats i, a continuació, enrotlleu, tancant el farcit. Tanqueu la vora amb una mica de barreja de farina i aigua i deixeu-ho assecar durant 30 minuts. Escalfeu l'oli i sofregiu els rotllets d'ou durant uns 10 minuts fins que quedin cruixents i daurats. Escorreu bé abans de servir.

Carn de porc picada al vapor

Serveix per 4 porcions

450 g/1 lb de carn de porc picada (molida)
5 ml / 1 culleradeta de farina de blat de moro (midó de blat de moro)
2,5 ml/½ culleradeta de sal
10 ml/2 culleradetes de salsa de soja

Barregeu la carn de porc amb la resta d'ingredients i repartiu la barreja en un plat poc profund. Col·loqueu-ho al vapor sobre aigua bullint i coeu-ho al vapor durant uns 30 minuts fins que estigui cuit. Servir calent.

Porc fregit amb carn de cranc

Serveix per 4 porcions

225 g / 8 oz de carn de cranc, en escates
100 g/4 oz de bolets, picats
100 g / 4 oz de brots de bambú, picats
5 ml / 1 culleradeta de farina de blat de moro (midó de blat de moro)
2,5 ml/½ culleradeta de sal
225 g / 8 oz de carn de porc cuita, a rodanxes
1 clara d'ou, lleugerament batuda
oli de fregir
15 ml/1 cullerada de julivert fresc picat

Incorporeu la carn de cranc, els bolets, els brots de bambú, la major part de la farina de blat de moro i la sal. Talleu la carn a 5 cm/2 quadrats. Feu entrepans amb la barreja de carn de cranc. Submergeix-hi les clares. Escalfeu l'oli i fregiu els entrepans, uns pocs a la vegada, fins que estiguin daurats. Assecar bé. Servir espolvorat amb julivert.

Porc amb brots de soja

Serveix per 4 porcions

30 ml / 2 cullerades d'oli de cacauet (cacauet)

2,5 ml/½ culleradeta de sal

2 grans d'all, triturats

450 g / 1 lb de brots de soja

225 g / 8 oz de carn de porc cuita, tallada a daus

120 ml / 4 fl oz / ½ tassa de brou de pollastre

15 ml / 1 cullerada de salsa de soja

15 ml / 1 cullerada de vi d'arròs o xerès sec

5 ml/1 culleradeta de sucre

15 ml / 1 cullerada de farina de blat de moro (midó de blat de moro)

2,5 ml/½ culleradeta d'oli de sèsam

3 cebes tendra (cebolletes), picades

Escalfeu l'oli i sofregiu la sal i els alls fins que estiguin lleugerament daurats. Afegiu-hi els brots de soja i la carn de porc i salteu-ho durant 2 minuts. Afegiu la meitat del brou, porteu-ho a ebullició, tapeu i deixeu-ho coure durant 3 minuts. Barregeu el brou restant amb la resta d'ingredients, remeneu-ho a la cassola, torneu a bullir i deixeu-ho coure durant 4 minuts, remenant. Serviu esquitxat amb cibulet.

porc borratxo

Serveix per 6 porcions
1,25 kg/3 lliures de porc desossat
30 ml / 2 cullerades de sal
pebre recent mòlt
1 escalunya (escalunya), picada
2 grans d'all, picats
1 ampolla de vi blanc sec

Poseu la carn de porc en una paella i afegiu-hi la sal, el pebre, el cibulet i l'all. Cobrir amb aigua bullint, tornar a bullir, tapar i coure durant 30 minuts. Retireu la carn de porc de la paella, refredeu-la i assequeu-la durant 6 hores o tota la nit a la nevera. Talleu la carn de porc a trossos grans i poseu-la en un pot gran amb tapa de rosca. Cobrir amb el vi, tapar i guardar a la nevera almenys 1 setmana.

cuixa de porc al vapor

Serveis 6-8

1 cuixa de porc petita

90 ml / 6 cullerades de salsa de soja

450 ml / ¾ pt / 2 tasses d'aigua

45 ml / 3 cullerades de sucre moreno

15 ml / 1 cullerada de vi d'arròs o xerès sec

30 ml / 2 cullerades d'oli de cacauet (cacauet)

3 grans d'all, triturats

450 g/1 lliura d'espinacs

2,5 ml/½ culleradeta de sal

30 ml / 2 cullerades de farina de blat de moro (midó de blat de moro)

Perforeu la pell de porc per tot arreu amb un ganivet afilat i fregueu-hi 30 ml/2 cullerades de salsa de soja. Poseu-ho en una olla gruixuda amb l'aigua, porteu-ho a ebullició, tapeu i deixeu-ho coure durant 40 minuts. Escorreu, reservant el líquid, deixeu refredar la carn de porc, després poseu-la en un bol resistent a la calor.

Barregeu 15 ml/1 cullerada de sucre, el vi o xerès i 30 ml/2 cullerades de salsa de soja i fregueu la carn de porc. Escalfeu l'oli i sofregiu els alls fins que estiguin lleugerament daurats. Afegiu la resta de sucre i salsa de soja, aboqueu la barreja sobre la carn de porc i tapeu el bol. Col·loqueu el bol en un wok i ompliu-lo amb aigua a la meitat dels costats. Cobrir i cuinar al vapor durant aproximadament 1 1/2 hora, omplint-lo amb aigua bullint segons sigui necessari. Talleu els espinacs a 5 cm/2 trossos i salpebreu-los. Bullir una olla amb aigua i abocar-hi els espinacs. Deixeu reposar durant 2 minuts fins que els espinacs comencin a suavitzar-se, escorreu-los i poseu-los en un plat de servir escalfat. Poseu la carn de porc a sobre. Porteu el brou de porc a ebullició. Barrejar la farina de blat de moro amb una mica d'aigua, remenar al brou i coure, remenant, fins que la salsa es clarifiqui i espesseixi. Aboqui la carn de porc i serveix.

Porc rostit amb verdures

Serveix per 4 porcions

50 g / 2 oz / ½ tassa d'ametlla blanquejada

30 ml / 2 cullerades d'oli de cacauet (cacauet)

sal

100 g/4 oz de bolets, tallats a daus

100 g / 4 oz de brots de bambú, tallats a daus

1 ceba, tallada a daus

2 tiges d'api, tallades a daus

100 g / 4 oz mangeout (pèsols), tallat a daus

4 castanyes d'aigua tallades a daus

1 escalunya (escalunya), picada

20 ml / 4 fl oz / ½ tassa de brou de pollastre

225 g / 8 oz de porc rostit a la barbacoa, tallat a daus

15 ml / 1 cullerada de farina de blat de moro (midó de blat de moro)

45 ml / 3 cullerades d'aigua

2,5 ml/½ culleradeta de sucre

pebre recent mòlt

Torrar les ametlles fins que estiguin lleugerament daurades. Escalfeu l'oli i la sal, afegiu-hi les verdures i sofregiu-ho durant 2 minuts fins que es cobreixi d'oli. Afegiu el brou, deixeu-ho bullir, tapeu i deixeu-ho coure durant 2 minuts fins que les verdures estiguin gairebé cuites però encara cruixent. Afegiu la carn de porc i escalfeu-la. Barregeu la farina de blat de moro, l'aigua, el sucre i el pebre i remeneu-ho a la salsa. Cuini, remenant, fins que la salsa es clarifiqui i espesseixi.

Dues vegades porc

Serveix per 4 porcions

45 ml / 3 cullerades d'oli de cacauet (cacauet)
6 cebes tendra (cebes vermelles), picades
1 gra d'all, triturat
1 llesca d'arrel de gingebre, picada
2,5 ml/½ culleradeta de sal
225 g / 8 oz de carn de porc cuita, tallada a daus
15 ml / 1 cullerada de salsa de soja
15 ml / 1 cullerada de vi d'arròs o xerès sec
30 ml/2 cullerades de pasta de mongetes

Escalfeu l'oli i sofregiu la ceba, l'all, el gingebre i la sal fins que estiguin lleugerament daurats. Afegiu la carn de porc i sofregiu-ho durant 2 minuts. Afegiu-hi la salsa de soja, el vi o el xerès i la pasta de mongetes i sofregiu-ho durant 3 minuts.

Ronyons de Porc amb Mangetout

Serveix per 4 porcions

4 ronyons de porc, tallats a la meitat i sense pit

30 ml / 2 cullerades d'oli de cacauet (cacauet)

2,5 ml/½ cullaradeta de sal

1 llesca d'arrel de gingebre, picada

3 tiges d'api, picades

1 ceba picada

30 ml / 2 cullerades de salsa de soja

15 ml / 1 cullerada de vi d'arròs o xerès sec

5 ml/1 cullaradeta de sucre

60 ml / 4 cullerades de brou de pollastre

225 g / 8 oz mangeout (pèsols)

15 ml / 1 cullerada de farina de blat de moro (midó de blat de moro)

45 ml / 3 cullerades d'aigua

Bullir els ronyons durant 10 minuts, escórrer i esbandir amb aigua freda. Escalfeu l'oli i sofregiu la sal i el gingebre durant uns segons. Afegiu-hi els ronyons i fregiu-los durant 30 segons fins que estiguin coberts d'oli. Afegiu l'api i la ceba i sofregiu durant 2 minuts. Afegiu-hi la salsa de soja, el vi o el xerès i el sucre i salteu-ho durant 1 minut. Afegiu el brou, porteu-ho a ebullició, tapeu i deixeu-ho coure durant 1 minut. Afegiu el mangeut, tapeu i deixeu-ho coure durant 1 minut. Batre la farina de blat de moro i l'aigua, després remenar a la salsa i cuinar fins que la salsa s'hagi alleugerit i espessi. Servir alhora.

Pernil Vermell amb Castanyes

Serveis 4-6

1,25 kg/3 lliures de pernil
2 cebes tendra (cebes), tallades a la meitat
2 grans d'all, triturats
45 ml / 3 cullerades de sucre moreno
30 ml / 2 cullerades de vi d'arròs o xerès sec
60 ml / 4 cullerades de salsa de soja
450 ml / ¾ pt / 2 tasses d'aigua
350 g / 12 unces de castanyes

Poseu el pernil en una paella amb les escalunyes, l'all, el sucre, el vi o xerès, la salsa de soja i l'aigua. Portar a ebullició, tapar i coure durant aproximadament 1 1/2 hora, donant voltes el pernil de tant en tant. Escaldeu les castanyes en aigua bullint durant 5 minuts i escorreu-les. Afegiu-hi el pernil, tapeu i deixeu-ho coure 1 hora més, donant la volta al pernil una o dues vegades.

Pernil fregit i boletes d'ou

Serveix per 4 porcions

225 g / 8 oz de pernil fumat, picat
2 cebes tendra (cebolletes), picades
3 ous batuts
4 llesques de pa ranci
10 ml / 2 cullerades de farina normal (tot ús)
2,5 ml/½ culleradeta de sal
oli de fregir

Incorporeu-hi el pernil, el cibulet i els ous. Feu molles el pa i barregeu-lo amb el pernil amb la farina i la sal. Feu boles de la mida de nous. Escalfeu l'oli i fregiu les boles de carn fins que estiguin daurades. Escorreu bé sobre paper de cuina.

Pernil i pinya

Serveix per 4 porcions

4 bolets secs xinesos
15 ml / 1 cullerada d'oli de cacauet
1 gra d'all, triturat
50 g / 2 oz de castanyes d'aigua, a rodanxes
50 g de brots de bambú
225 g / 8 oz de pernil, picat
225 g / 8 oz de trossos de pinya en conserva en suc de fruita
120 ml / 4 fl oz / ½ tassa de brou de pollastre
15 ml / 1 cullerada de salsa de soja
15 ml / 1 cullerada de farina de blat de moro (midó de blat de moro)

Remullar els bolets en aigua tèbia durant 30 minuts i escórrer. Descartar les tiges i tallar-ne la part superior. Escalfeu l'oli i sofregiu els alls fins que estiguin lleugerament daurats. Afegiu-hi els bolets, les castanyes d'aigua i els brots de bambú i salteu-ho durant 2 minuts. Afegiu-hi el pernil i els trossos de pinya escorreguts i salteu-ho durant 1 minut. Afegiu 30 ml / 2 cullerades de suc de pinya, la major part del brou de pollastre i la salsa de soja. Portar a ebullició, tapar i coure durant 5 minuts. Barregeu la farina de blat de moro amb el brou restant i remeneu-ho a la salsa. Cuini, remenant, fins que la salsa es clarifiqui i espesseixi.

Frittata de pernil i espinacs

Serveix per 4 porcions

30 ml / 2 cullerades d'oli de cacauet (cacauet)

2,5 ml/½ culleradeta de sal

1 gra d'all, picat

2 cebes tendra (cebolletes), picades

225 g / 8 oz de pernil, tallat a daus

450 g / 1 lb d'espinacs, picats

60 ml / 4 cullerades de brou de pollastre

15 ml / 1 cullerada de farina de blat de moro (midó de blat de moro)

15 ml / 1 cullerada de salsa de soja

45 ml / 3 cullerades d'aigua

5 ml/1 culleradeta de sucre

Escalfeu l'oli i sofregiu la sal, l'all i el cibulet fins que estiguin lleugerament daurats. Afegir el pernil i sofregir durant 1 minut. Afegiu els espinacs i remeneu-los fins que estiguin coberts d'oli.

Afegiu el brou, porteu-ho a ebullició, tapeu i deixeu-ho coure durant 2 minuts fins que els espinacs comencin a marcir. Combina la farina de blat de moro, la salsa de soja, l'aigua i el sucre i remenem a la paella. Cuini, remenant, fins que la salsa espesseixi.

www.ingramcontent.com/pod-product-compliance
Lightning Source LLC
Chambersburg PA
CBHW070357120526
44590CB00014B/1163